학원을 이기는
독학 일본어 첫걸음 2

지은이 송상엽은 대학에서 일어일문학을 전공하였으며, 강남과 종로 등의 어학원에서 수년간의 일본어 강사 경험을 바탕으로 지금은 일본어 교재 전문기획 프리랜서로 활동하고 있으며 랭컴출판사의 편집위원으로서 일본어 학습서 기획 및 저술 활동에 힘쓰고 있다.

학원을 이기는
독학 일본어 첫걸음 2

2022년 10월 10일 개정판 1쇄 인쇄
2022년 10월 15일 개정판 1쇄 발행

지은이 송상엽
발행인 손건
편집기획 김상배, 장수경
마케팅 최관호
디자인 박지웅
제작 최승용
인쇄 선경프린테크

발행처 LanCom 랭컴
주소 서울시 영등포구 영신로34길 19, 3층
등록번호 제 312-2006-00060호
전화 02) 2636-0895
팩스 02) 2636-0896
이메일 elancom@naver.com
홈페이지 www.lancom.co.kr

ⓒ 랭컴 2022
ISBN 979-11-92199-18-4 13730

단어 + 문법 + 회화 완전 기초부터 제대로 시작하기

학원을 이기는
독학 송상엽 지음
일본어
첫걸음

2

독하게 배워서
독하게 써먹자!

LanCom
Language & Communication

Preface

일본어는 우리말과 같은 계통의 언어로서 문법 구조가 비슷하고, 어휘 측면에서는 한자를 쓰기 때문에 다른 계통의 언어에 비해 배우기가 쉽다고 할 수 있다. 그러나 우리에게 비교적 배우기 쉬운 언어라고 하더라도 외국어인 이상 어려움은 정도의 차이일 뿐 마찬가지이고, 특히 초보자에게 있어서는 학습 방법의 차이에 따라 영어보다 오히려 더 어려울 수도 있다. 일본어를 배우기 시작한 지 얼마 안 되어 중도에 포기하는 학습자가 많은 이유는 비능률적인 학습 방법뿐만 아니라 교재 선택의 잘못에서 기인한 경우가 많다고 할 수 있다.

또한 암기식 공부 방법에는 단점도 있지만 외국어 공부에서 암기와 반복 훈련은 누구도 부정할 수 없는 필수 과정이다. 누가 더 일본어를 잘하느냐는 누가 그 상황에 적절한 표현을 더 많이 외웠느냐하는 문제와 직결된다.

따라서 필자는 일선 강단과 일본어 교재 연구의 풍부한 경험을 바탕으로, 일본어 공부를 처음 시작하거나 사정에 의해 중단하였다가 다시 시작하려는 분들을 위해 학원에 가지 않고도 혼자서 온전하게 독학이 가능하도록 중급 수준에서 익혀야 할 어법을 마스터하는 데 최대한 중점을 두었다.

2022년 10월
저자가

이 책은 초급 과정(이 책의 1권)을 마친 분들을 위해 일본어 중급 수준의 어법을 차근차근 단계별로 익혀나갈 수 있도록 다음과 같이 구성하였습니다.

구분	학습 내용 및 어법
Part 1	상태 변화의 표현과 수급표현
Part 2	원인이나 이유를 나타내는 접속조사의 용법
Part 3	상태나 동작을 열거하는 형식
Part 4	완료의 용법과 접두어, 접미어의 용법
Part 5	동사의 가능표현과 동사의 가능형 활용을 중심으로 그 용법
Part 6	조건을 나타내는 たら가 각 활용어에 접속하는 형태와 그 용법
Part 7	가정을 나타내는 ば가 각 활용어에 접속하는 형태와 그 용법
Part 8	なら와 と의 용법과 의무나 당연, 필연을 나타내는 패턴
Part 9	권유나 의지를 나타내는 う(よう)의 활용과 용법
Part 10	명령형의 활용과 용법은 물론, 금지를 나타내는 な의 용법
Part 11	전문, 양태, 추정, 불확실한 단정과 비유, 예시의 용법
Part 12	(さ)せる가 접속하는 사역형의 활용과 그 용법
Part 13	(ら)れる가 접속하는 수동형의 활용과 그 용법
Part 14	존경어, 겸양어, 정중어를 통한 일본어의 경어표현

Contents

**동작 / 상태의
열거표현 익히기**

**완료상태의
패턴 익히기**

Part 5

**가능표현
제대로 익히기**

Part 8

조건 / 당연표현
익히기

Part 9

추측 / 권유 / 의지 표현 익히기

Part 10

명령표현 거침없이 익히기

Part 11
전문/ 양태/ 추정/
비유표현 익히기

Part 12
사역표현 (さ)せる형
익히기

Part

13

수동표현 (ら)れる형
익히기

상태의 변화와
수급표현 익히기

Unit 01

명사의 변화 표현

私は先生になりたいです。

저는 선생님이 되고 싶습니다.

STEP 1 여러 번 듣고 소리내어 반복해서 읽어보세요.

입에 착착!

A　もう　入学の時期になりましたね。

B　ええ、新入生には今がいちばん忙しい時期で
す。

A　田中さんの　将来の夢は何ですか。

B　わたしは先生になりたいです。

A　벌써 입학 시기가 되었네요.

B　네, 신입생에게는 지금이 가장 바쁜 시기입니다.

A　다나카 씨는 장래 꿈은 뭐예요?

B　저는 선생님이 되고 싶습니다.

入学(にゅうがく) 입학　**時期**(じき) 시기　**新入生**(しんにゅうせい) 신입생　**将来**(しょうらい)장래　**夢**(ゆめ) 꿈 ｜ **卒業**(そつぎょう) 졸업　**画家**(がか) 화가　**弁護士**(べんごし) 변호사

STEP 2　이것만은 꼭 알아두세요.

▷ **명사 ~になる**　~이(가) 되다

なる는 우리말의 「되다」라는 뜻을 가진 동사로 말하는 사람의 의지와는 상관없이 어떤 상태에서 다른 상태로 변해 가는 것을 나타냅니다. 명사에 접속할 때는 우리말에서는 「~이(가) 되다」이지만, 일본어에서는 ~ になる의 형태로 조사 に 가 오므로 우리말로 직역하여 ~ がなる가 되지 않도록 주의해야 합니다.

もう あたたかい 春になりました。

벌써 따뜻한 봄이 되었습니다.

彼女は 大学を 卒業して 画家になりました。

그녀는 대학을 졸업하고 화가가 되었습니다.

木村さんは 社会に 出て 弁護士になりました。

기무라 씨는 사회에 나와서 변호사가 되었습니다.

STEP 3　패턴 문형 연습

보기처럼 주어진 말을 우리말 뜻에 맞게 문장을 바꿔 보세요.

| 보기 |

卒業して先生だ　　　　　　졸업해서 선생이다

➡ 卒業して先生になりました。　졸업해서 선생이 되었습니다.

① 暑い夏だ　　➡ ＿＿＿＿＿＿＿＿＿＿＿＿＿＿＿＿＿ 。

더운 여름이 되었습니다.

② こどもはおとなだ　➡ ＿＿＿＿＿＿＿＿＿＿＿＿＿＿ 。

아이는 어른이 되었습니다.

상태의 변화 표현

顔が真っ赤になりましたよ。

얼굴이 새빨개졌어요.

입에 착착!

STEP 1 여러 번 듣고 소리내어 반복해서 읽어보세요.

A 桜井さん、最近きれいになりました。何かいいことでもありますか。

B 実は彼氏ができたんです。

A うらやましい。桜井さんの顔が真っ赤になりましたよ。

B そうですか。いつか 紹介します。

A 사쿠라이 씨, 요즘 예뻐지셨네요. 무슨 좋은 일이라도 있으세요?

B 실은 남자친구가 생겼거든요.

A 부럽다. 사쿠라이 씨 얼굴이 새빨개졌어요.

B 그래요? 언젠가 소개할게요.

最近(さいきん) 최근, 요즘 **綺麗**(きれい)**だ** 예쁘다 **彼氏**(かれし) 그 사람, 남자 애인
紹介(しょうかい)**する** 소개하다 │ **芸能人**(げいのうじん) 연예인 **夜**(よる) 밤 **まわり** 주위

▷ 형용동사 ~になる ~해지다

なる가 형용동사에 접속할 때는 어미 だ가 に로 바뀌어 접속합니다. 이 때는「~해지다, ~하게 되다」의 뜻을 나타냅니다.

기본형	의 미	~になる	의 미
便利(べんり)だ	편리하다	便利になる	편리해지다
静(しず)かだ	조용하다	静かになる	조용해지다
有名(ゆうめい)だ	유명하다	有名になる	유명해지다

夜(よる)になって 空(そら)が 真(ま)っ黒(くろ)になりました。

밤이 되어 하늘이 새카매졌습니다.

彼(かれ)は 芸能人(げいのうじん)になって 有名(ゆうめい)になりました。

그는 연예인이 되어 유명해졌습니다.

まわりは 夜(よる)になって やっと 静(しず)かになりました。

주위는 밤이 되어 겨우 조용해졌습니다.

보기처럼 주어진 말을 우리말 뜻에 맞게 문장을 바꿔 보세요.

| 보기 |

まわりが静(しず)かだ　　　　　　　주위가 조용하다

➔ まわりが静かになりました。　　주위가 조용해졌습니다.

① 交通(こうつう)が便利(べんり)だる　　➔ _____。

교통이 편해졌습니다.

② 顔(かお)が真(ま)っ青(さお)だ　　➔ _____。

얼굴이 새파래졌습니다.

19

학습일

상태의 변화 표현

だいぶ寒くなりましたね。

꽤 추워졌어요.

STEP 1 여러 번 듣고 소리내어 반복해서 읽어보세요.

입에 착착!

A だいぶ寒(さむ)くなりましたね。

B ええ、もう真冬(まふゆ)になった気(き)がしますね。

A 冬(ふゆ)は果物(くだもの)が高(たか)くなるからいやです。

B そうですね。でも、わたしはスキーが好(す)きだか

ら楽(たの)しみです。

A 꽤 추워졌어요.
B 네, 정말 한겨울이 된 것 같네요.
A 겨울은 과일이 비싸지니까 싫어요.
B 그렇군요. 그래도 저는 스키를 좋아하니까 기다려집니다.

だいぶ 꽤, 상당히　**真冬(まふゆ)** 한겨울　**気(き)がする** 느낌이 들다　**果物(くだもの)** 과일
嫌(いや)だ 싫다　**スキー** 스키　**楽(たの)しみ** 즐거움 | **物価(ぶっか)** 물가　**天気(てんき)**
날씨　**集(あつ)まる** 모이다　**日(ひ)** 해　**短(みじか)い** 짧다

STEP 2 이것만은 꼭 알아두세요.

▷ **형용사 ~くなる** ~해지다

なる가 형용사에 접속할 때는 형용사의 어미 い가 く로 바뀝니다. 이 때는 「~해지다, 하게 되다」의 뜻을 나타낸다.

기본형	의 미	~くなる	의 미
青(あお)い	파랗다	青くなる	파래지다
高(たか)い	비싸다	高くなる	비싸지다

さいきん ぶっか たか
最近 物価が 高くなりました。

최근 물가가 비싸졌습니다.

に ほん ご やさ
だんだん 日本語が 易しくなりました。

점점 일본어가 쉬워졌습니다.

てん き さむ ひとびと あつ
天気が 寒くなって ストーブの まわりに 人々が 集まってきた。

날씨가 추워져서 스토브 주위에 사람들이 모여들었다.

STEP 3 패턴 문형 연습

보기처럼 주어진 말을 우리말 뜻에 맞게 문장을 바꿔 보세요.

| 보기 |

どう ろ ひろ
道路が広い   도로가 넓다

どう ろ ひろ
➡ 道路が広くなりました。   도로가 넓어졌습니다.

ぶっ か たか
① 物価が高い   ➡ _____ 。

물가가 비싸졌습니다.

ひ みじか
② 日が短い   ➡ _____ 。

해가 짧아졌습니다.

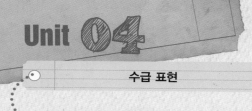
수급 표현

カバンを 買ってあげるのは どうですか。

가방을 사주는 건 어때요?

입에
착착!

STEP 1 여러 번 듣고 소리내어 반복해서 읽어보세요.

A 宇野さんの入学祝いに何がいいでしょうか。

B さあ、本を買ってあげるのがいいんじゃありませんか。

A でも、宇野さんが本を読んでいるのは見たことがないですよ。

B そうですね。じゃ、カバンを買ってあげるのはどうですか。

A 우노 씨의 입학 선물로 뭐가 좋을까요?

B 글쎄, 책을 사서 주는 게 좋지 않을까요?

A 하지만, 우노 씨가 책을 읽는 걸 본 적이 없어요.

B 그렇군요. 그럼, 가방을 사주는 건 어때요?

入学祝(にゅうがくいわ)い 입학축하 **さあ** 글쎄 **カバン** 가방 │ **写真(しゃしん)** 사진
見(み)せる 보이다 **教(おし)える** 가르치다 **万年筆(まんねんひつ)** 만년필

STEP 2 이것만은 꼭 알아두세요.

▷ **やる, あげる, さしあげる** 주다(드리다)

あげる는 자기나 자기 쪽 사람이 다른 사람에게 물건을 주는 동작을 나타냅니다. 손아랫사람이거나 동식물에게 주는 동작을 나타낼 때는 やる를 쓰며, 손윗사람에게 주는 동작을 나타낼 때는 さしあげる를 씁니다.

> 犬に えさを **やりました。** 개에게 먹이를 주었습니다.
>
> 木村さんに プレゼントを **あげました。** 기무라 씨에게 선물을 주었습니다.

▷ **동사 ~てやる, てあげる(さしあげる)** ~해 주다(드리다)

동사의 て형에 やる, あげる, さしあげる가 접속하면 그 사람을 위해 행동을 해 주다라는 뜻을 나타냅니다.

> わたしは 友達に 写真を 見せ**てやりました。**
>
> 나는 친구에게 사진을 보여 주었습니다.
>
> わたしは 田中さんに 写真を 見せ**てあげました。**
>
> 나는 다나카 씨에게 사진을 보여 주었습니다.

STEP 3 패턴 문형 연습

보기처럼 주어진 말을 우리말 뜻에 맞게 문장을 완성해 보세요.

─── | 보기 |

> 日本語を 教える / キムさんに　　　　　　일본어를 가르치다 / 김씨에게
>
> ➔ キムさんに 日本語を 教えてあげました。 김씨에게 일본어를 가르쳐 주었습니다.

① 本を 読む / 子供に　　　➔ _____ 。

아이에게 책을 읽어 주었습니다.

② 万年筆を 買う / 吉村さんに　　　➔ _____ 。

요시무라 씨에게 만년필을 사 주었습니다.

수급 표현

兄が本を買ってくれました。

형이 책을 사줬습니다.

STEP 1 여러 번 듣고 소리내어 반복해서 읽어보세요.

A 渡辺さん、何かいいことでもありますか。

B ええ、兄がわたしの誕生日に本を買ってくれました。

A うらやましいです。彼女からは?

B 彼女はわたしにケーキをくれました。

A 와타나베 씨, 뭔가 좋은 일이라도 있으세요?
B 네, 형이 제 생일에 책을 사줬습니다.
A 부럽네요. 여자친구한테는?
B 여자친구는 제게 케이크를 주었습니다.

うらやましい 부럽다　**ケーキ** 케이크 │ **送(おく)る** 보내다　**料理(りょうり)** 요리　**歌(うた)う** 노래하다

이것만은 꼭 알아두세요.

▷ **くれる, くださる** 주다(주시다)

くれる는 자기, 또는 자신 쪽으로 상대가 뭔가를 주다라는 뜻을 나타내는 말입니다. くれる는 자신과 대등하거나 손아랫사람이 자신이나 자기 쪽으로 「주다」라는 뜻을 나타내고, くださる는 「주시다」의 뜻으로 손윗사람이 자기나 자신 쪽으로 뭔가를 주다를 나타냅니다.

▷ **동사 ~てくれる(くださる)** ~해 주다(주시다)

~てくれる(くださる)는 상대가 자신이나 자기 쪽을 위해 뭔가의 행동을 해 주다라는 뜻을 나타냅니다.

<ruby>彼女<rt>かのじょ</rt></ruby>が ぼくに <ruby>時計<rt>とけい</rt></ruby>を <ruby>買<rt>か</rt></ruby>ってくれました。

그녀는 나에게 시계를 사 주었습니다.

<ruby>先生<rt>せんせい</rt></ruby>が わたしに <ruby>本<rt>ほん</rt></ruby>を <ruby>買<rt>か</rt></ruby>ってくださいました。

선생님이 저에게 책을 사 주셨습니다.

패턴 문형 연습

보기처럼 주어진 말을 우리말 뜻에 맞게 문장을 완성해 보세요.

| 보기 |

<ruby>写真<rt>しゃしん</rt></ruby>を<ruby>送<rt>おく</rt></ruby>る / <ruby>彼女<rt>かのじょ</rt></ruby>は<ruby>僕<rt>ぼく</rt></ruby>に   사진을 보내다 / 그녀는 나에게

➔ <ruby>彼女<rt>かのじょ</rt></ruby>は<ruby>僕<rt>ぼく</rt></ruby>に<ruby>写真<rt>しゃしん</rt></ruby>を<ruby>送<rt>おく</rt></ruby>ってくれました。   그녀는 나에게 사진을 보내 주었습니다.

① <ruby>料理<rt>りょうり</rt></ruby>を<ruby>作<rt>つく</rt></ruby>る / <ruby>彼女<rt>かのじょ</rt></ruby>は<ruby>僕<rt>ぼく</rt></ruby>に   ➔ ＿＿＿＿＿＿＿＿＿＿＿＿＿＿＿＿ 。

그녀는 나에게 요리를 만들어 주었습니다.

② <ruby>歌<rt>うた</rt></ruby>を<ruby>歌<rt>うた</rt></ruby>う / キムさんはわたしに   ➔ ＿＿＿＿＿＿＿＿＿＿＿＿＿＿＿＿ 。

김씨는 저에게 노래를 불러 주셨습니다.

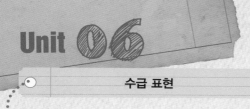

Unit 06

학습일

수급 표현

誰に教えてもらったの。

누구한테 배운 거야?

STEP 1 여러 번 듣고 소리내어 반복해서 읽어보세요.

A 英会話（えいかいわ）も上手（じょうず）だね。だれに教（おし）えてもらったの。

B いや、まだまだだよ。アメリカ人（じん）に教（おし）えてもらったよ。

A 英文学（えいぶんがく）のレポートはもう出（だ）したの。

B うん。友（とも）だちに出（だ）してもらった。

A 영어회화도 잘하네. 누구한테 배운 거야?

B 뭐, 한참 멀었지. 미국인한테 배웠어.

A 영문학 리포트는 벌써 냈니?

B 응, 친구가 내줬어.

英会話(えいかいわ) 영어회화　**英文学**(えいぶんがく) 영문학　**出**(だ)**す** 내다, 제출하다 ┃
職場(しょくば) 직장　**辞書**(じしょ) 사전　**貸**(か)**す** 빌리다　**案内**(あんない) 안내

26

STEP 2 이것만은 꼭 알아두세요.

▷ **もらう, いただく** 받다

もらう는 상대에게 뭔가를 「받다」라는 뜻으로, 동등한 관계나 손아랫사람에게 받을 때 씁니다. 손윗사람에게 뭔가를 받다라고 할 때는 いただく를 씁니다.

▷ **동사 ~てもらう(いただく)** ~해 받다

~てもらう(いただく)는 상대에게 행동을 받다라는 뜻이지만 우리말로 직역하면 어색하므로 「~해 주다(주시다)」로 해석합니다.

おとうとに 切符を 買ってき**てもらった**。
동생이 표를 사다 주었다.

友達に レポートを コピーし**てもらいました**。
친구가 리포트를 복사해 주었습니다.

先生に いい 職場を 紹介し**ていただきました**。
선생님이 좋은 직장을 소개해 주셨습니다.

STEP 3 패턴 문형 연습

보기처럼 주어진 말을 우리말 뜻에 맞게 문장을 완성해 보세요.

| 보기 |

日本語を 教える / 先生に　　　　　　　　　일본어를 가르치다 / 선생임에게

➜ 先生に 日本語を 教えて いただきました。 선생님이 일본어를 가르쳐 주셨습니다.

① 辞書を 貸す / 友達に　　➜ _____ 。
　　　　　　　　　　　　　　친구에게 사전을 빌렸습니다.

② 町を 案内する / 木村さんに ➜ _____ 。
　　　　　　　　　　　　　　기무라 씨에게 도시를 안내받았습니다.

인사표현 ⑥ 헤어질 때

밤에 헤어질 때는 **おやすみなさい**를 사용하며, **さようなら**는 아주 헤어지는 느낌을 주므로 가까운 사이나 자주 만나는 사이라면 좀처럼 쓰지 않습니다. 대신 **じゃ, またね** 등이 일상적인 작별인사로 많이 쓰이며, 어린이들 사이에서는 **バイバイ**라고 합니다.

またね！	또 보자!
じゃあね！	그럼 또 보자!
おやすみなさい。	안녕히 주무세요.
さようなら。	안녕히 가세요(계세요).

28

Part

2

원인 / 이유표현
익히기

주관적인 원인·이유의 표현

電車で事故があったから。

전철에서 사고가 있어서.

입에 착착!

| STEP 1 | 여러 번 듣고 소리내어 반복해서 읽어보세요. |

A 山田君、どうしてこんなに遅れたの。

B ごめん。電車で事故があったから。

A 時間がないから早く始めましょう。

B もう大丈夫だから少し落ち着いて。

A 야마다, 왜 이렇게 늦었어?

B 미안. 전철에서 사고가 있어서.

A 시간 없으니까 빨리 시작합시다.

B 이제 괜찮으니까 조금 진정해.

事故(じこ) 사고　始(はじ)める 시작하다　落(お)ち着(つ)く 침착하다. 진정하다　|　遠足(えんそく) 소풍　住宅街(じゅうたくがい) 주택가　家賃(やちん) 집세　要(い)る 필요하다

STEP 2 이것만은 꼭 알아두세요.

▷ **～から** ～하기 때문에, ～하니까

から는 여러 가지 용법이 있으나 활용어에 접속하여 쓰일 때는「～하기 때문에, ～하니까」의 뜻으로 두 개의 문장을 이어주기도 하고, 또 앞의 문장이 뒤의 문장의 원인이나 이유를 나타냅니다. から는 주로 주관적인 원인·이유를 나타내므로 뒤에 희망 표현이나 명령, 요구, 의지를 나타내는 말이 옵니다. から가 명사나 형용동사에 접속할 때는 だから의 형태를 취합니다.

あしたは 日曜日だ**から** 会社へ 行きません。
내일은 일요일이라서 회사에 가지 않습니다.

寒いです**から** 窓を 閉めてください。
추우니까 창문을 닫으세요.

雨が 降っています**から**、遠足は 中止しましょう。
비가 내리고 있으니까 소풍은 가지 맙시다.

この 住宅街は 静かだ**から** 家賃が 高い。
이 주택가는 조용해서 집세가 비싸다.

STEP 3 패턴 문형 연습

보기처럼 주어진 말을 우리말 뜻에 맞게 문장을 완성해 보세요.

| 보기 |

寒い / 窓を 閉める　　　　　　춥다 / 창문을 닫다
➜ 寒いから窓を 閉めなさい。　　추우니까 창문을 닫아라.

① 静かだ / 家賃も 高い　➜ ＿＿＿＿＿＿＿＿＿＿＿＿＿＿。
　　　　　　　　　　　　　조용하니까 집세도 비쌉니다.

② またある / それは 要らない　➜ ＿＿＿＿＿＿＿＿＿＿＿。
　　　　　　　　　　　　　또 있으니까 그건 필요 없습니다.

Unit 02.

객관적인 원인 · 이유의 표현

ちょっと用事がありますので。

좀 볼일이 있어서요.

입에 착착!

STEP 1 여러 번 듣고 소리내어 반복해서 읽어보세요.

A これからお茶^{ちゃ}でもどうですか。

B すみません、ちょっと用事^{ようじ}がありますので。

A でも、寒^{さむ}いですからちょっとでもいいんで。

B いいえ、大事^{だいじ}な約束^{やくそく}なので。

A   지금부터 차라도 한 잔 어떠세요?
B   죄송합니다. 볼일이 좀 있어서요.
A   그래도, 추우니까 잠깐만이라도.
B   아니오. 중요한 약속이라서.

お茶(ちゃ) 차   **用事**(ようじ) 용무, 일   **大事**(だいじ)**だ** 중요하다   **約束**(やくそく) 약속 |
住(す)**む** 살다   **結婚**(けっこん) 결혼   **お金**(かね) 돈   **風邪**(かぜ) 감기   **引**(ひ)**く** 끌다

STEP 2 이것만은 꼭 알아두세요.

▷ **~ので** ~하기 때문에

ので는 활용어에 접속하여 から와 마찬가지로 두 개의 문장을 이어주거나 또는 앞의 문장이 뒤의 문장의 원인이나 이유를 나타냅니다. 그러나 から가 주관적인 원인·이유인데 반해, ので는 객관적인 원인이나 이유를 나타냅니다. 또, ので는 구어체에서 んで로 발음이 변하기도 합니다. から보다 부드러운 느낌을 주기 때문에 강한 표현을 피하려는 여성들이 많이 쓰며, ので가 명사나 형용동사에 접속할 때는 なので의 형태를 취합니다.

ここは 交通が 便利な**ので** 住みやすいです。

여기는 교통이 편해서 살기 편합니다.

試験が 近づいた**ので**、みんな 勉強して います。

시험이 다가와서 모두 공부하고 있습니다.

キムさんは 忙しい**ので**、なかなか 会う ことが できません。

김씨는 바빠서 좀처럼 만날 수가 없습니다.

まだ 学生な**ので** 勉強しなければ なりません。

아직 학생이라서 공부하지 않으면 안 됩니다.

STEP 3 패턴 문형 연습

보기처럼 주어진 말을 우리말 뜻에 맞게 문장을 완성해 보세요.

| 보기 |

結婚する / お金が要る   결혼하다 / 돈이 필요하다

➔ 結婚するのでお金が要ります。   결혼하기 때문에 돈이 필요합니다.

① 風邪を引いた / 会社を休む   ➔ _____ 。
　　　　　　　　　　　　　　　감기에 걸려서 회사를 쉬었습니다.

② 駅が遠い / 不便だ   ➔ _____ 。
　　　　　　　　　　　역이 멀어서 불편합니다.

역접조건 표현

9時を過ぎたのに、来ていませんね。

아홉 시가 지났는데 안 왔네요.

입에 착착!

STEP 1 여러 번 듣고 소리내어 반복해서 읽어보세요.

A もう 9時を過ぎたのに、木村さんはまだ来ていま
せんね。

B ええ、本当に遅いですね。電話もなかったんで
すか。

A このあいだも遅れたのに、ずうずうしいですね。

B 本当にそうですね。

A 벌써 아홉 시가 지났는데, 기무라 씨는 아직 안 왔네요.
B 네, 정말 늦네요. 전화도 없었나요?
A 요전에도 늦었는데, 뻔뻔하네요.
B 정말 그러네요.

過(す)ぎる 지나다　**遅(おそ)い** 늦다　**間(あいだ)** 동안, 사이　**ずうずうしい** 뻔뻔하다, 교활하
다 | **熱(ねつ)** 열　**外出(がいしゅつ)** 외출　**汚(きたな)い** 더럽다　**多(おお)い** 많다

STEP 2 이것만은 꼭 알아두세요.

▷ **~のに** ~하는데도

のに는 「~하는데도, ~함에도 불구하고」의 뜻으로 역접의 조건을 나타내기도 하고, 「~인데, ~텐데, ~련만」의 뜻으로 의외의 결과에 대한 원망이나 불만의 기분을 나타내기도 합니다. のに가 명사나 형용동사에 접속할 때는 なのに의 형태를 취합니다.

> 彼^{かれ}は まだ 学生^{がくせい}な**のに** 勉強^{べんきょう}を しません。
>
> 그는 아직 학생인데도 공부를 하지 않습니다.

> ここは 交通^{こうつう}が 便利^{べんり}な**のに** 家賃^{やちん}が 安^{やす}いです。
>
> 여기는 교통이 편한데도 집세가 쌉니다.

> 勉強^{べんきょう}が したい**のに**、忙^{いそが}しくて 時間^{じかん}が ありません。
>
> 공부를 하고 싶은데 바빠서 시간이 없습니다.

> けんめいに 走^{はし}った**のに** 間^まに 合^あわなかった。
>
> 열심히 뛰었는데도 시간에 대지 못했다.

STEP 3 패턴 문형 연습

보기처럼 주어진 말을 우리말 뜻에 맞게 문장을 완성해 보세요.

| 보기 |

> まだ 学生^{がくせい}だ / 勉強^{べんきょう}をする　　　　아직 학생이다 / 공부를 하다
>
> ➔ まだ 学生なのに 勉強をしません。　아직 학생인데도 공부를 하지 않습니다.

① 熱^{ねつ}がある / 外出^{がいしゅつ}する　　➔ ＿＿＿＿＿＿＿＿＿＿＿＿＿＿＿＿＿＿＿ 。

　　열이 있는데 외출합니다.

② まわりは 汚^{きたな}い / 人^{ひと}が 多^{おお}い　➔ ＿＿＿＿＿＿＿＿＿＿＿＿＿＿＿＿＿ 。

　　주위가 더러운데도 사람이 많습니다.

원인·이유의 표현

風邪を引いたため、会社を休みました。

감기에 걸려서 회사를 쉬었습니다.

STEP 1 여러 번 듣고 소리내어 반복해서 읽어보세요.

A きのう、どうして会社を休みましたか。

B ひどい風邪を引いたために、会社を休みました。

A そうですか。もう治りましたか。

B きのううちでゆっくり休んだため、すっかり治りましたよ。

A 어제, 왜 회사를 쉬었습니까?
B 심한 감기에 걸려서 회사를 쉬었습니다.
A 그렇습니까? 이제 나았습니까?
B 어제 집에서 푹 쉬어서 완전히 나았습니다.

どうして 왜, 어째서 **治(なお)る** (병이) 낫다 **すっかり** 완전히, 몽땅 | **船(ふね)** 배
過労(かろう) 과로 **休養(きゅうよう)** 휴양 **波(なみ)** 파도 **止(や)める** 그만두다

STEP 2　이것만은 꼭 알아두세요.

▷ **~(の)ために** ~(이기)하기 때문에

~ためには 원인·이유를 나타낼 때는 우리말의 「~때문에」로 해석되며, 명사에 접속할 때는 ~のためにの 형태가 됩니다. 또한 끝말의 に를 생략하고 쓰는 경우도 있습니다.

風が 強かった**ために** 船が 出ませんでした。

바람이 세차서 배가 떠나지 못했습니다.

過労の**ため**、3日間 休養が 必要です。

과로 때문에 3일간 휴양이 필요합니다.

台風が 近づいている**ために** 波が 高くなっている。

태풍이 가까워지고 있어서 파도가 높아지고 있다.

病 病の**ために** 学校を 休みました。

아파서 학교를 쉬었습니다.

STEP 3　패턴 문형 연습

보기처럼 주어진 말을 우리말 뜻에 맞게 문장을 완성해 보세요.

| 보기 |

病気だ / 学校を休む　　　　　아프다 / 학교를 쉬다

➔ 病気のため 学校を休みました。　아파서 학교를 쉬었습니다.

① 病気だ / タバコを止める　➔ ＿＿＿＿＿＿＿＿＿＿＿＿＿＿＿＿。

　　　　　　　　　　　　　　아파서 담배를 끊었습니다.

② 過労だ / 風邪を引く　➔ ＿＿＿＿＿＿＿＿＿＿＿＿＿＿＿＿。

　　　　　　　　　　　　　　과로 때문에 감기에 걸렸습니다.

목적의 표현

すべては将来のためですよ。

モ두 장래를 위해서예요.

STEP 1　여러 번 듣고 소리내어 반복해서 읽어보세요.

A　家
いえ
を買
か
うために毎日朝
まいにちあさ
から晩
ばん
まで働
はたら
いています。

B　お金
かね
もいいけど、健康
けんこう
のためにちょっとは休
やす
んだほうがいいよ。

A　すべては将来
しょうらい
のためですよ。

B　でも、心配
しんぱい
だから体
からだ
に気
き
をつけて。

A　집을 사기 위해서 매일 아침부터 밤까지 열심히 일하고 있습니다.
B　돈도 좋지만, 건강을 위해서 조금은 쉬는 게 좋아.
A　모두 장래를 위해서예요.
B　그래도, 걱정되니까, 몸에 신경 써.

毎日(まいにち) 매일　**すべて** 모두　**体**(からだ) 몸　**気**(き)**をつける** 조심하다, 주의하다 |
一生懸命(いっしょうけんめい) 열심히　**世界平和**(せかいへいわ) 세계평화　**国際会議**(こくさいかいぎ) 국제회의　**訪**(たず)**ねる** 찾다　**もうける** 벌다

| STEP 2 | 이것만은 꼭 알아두세요. |

▷ **~(の)ために** ~(을) 위해서

~ために는 앞서 배운 원인·이유를 나타내는 용법 이외에 「~(을) 위해서」의 뜻
으로 목적을 나타내기도 합니다. 명사에 접속할 때는 ~のために의 형태가 되
고, に를 생략하고 쓰는 경우도 있습니다.

家を 買うために 朝から 晩まで いっしょうけんめい 働く。

집을 사기 위해 아침부터 밤까지 열심히 일하다.

将来のために お金を ためています。

장래를 위해 돈을 모으고 있습니다.

世界平和のために 国際会議が 開かれています。

세계평화를 위해 국제회의가 열리고 있습니다.

木村さんは お金を 借りるために 訪ねてきました。

기무라 씨는 돈을 빌리기 위해서 찾아왔습니다.

| STEP 3 | 패턴 문형 연습 |

보기처럼 주어진 말을 우리말 뜻에 맞게 문장을 완성해 보세요.

─────────────── | 보기 |

お金をもうける / 働く   돈을 벌다 / 일하다

➔ お金をもうけるために働きます。 돈을 벌기 위해 일합니다.

① 大学に入る / 一生懸命勉強する ➔ _____ 。

대학에 들어가기 위해 열심히 공부합니다.

② 健康だ / タバコを止める   ➔ _____ 。

건강을 위해 담배를 끊었습니다.

불확실한 추측의 표현

彼は忙しくて行かないかもしれません。

그는 바빠서 안 갈지도 모릅니다.

| STEP 1 | 여러 번 듣고 소리내어 반복해서 읽어보세요. |

A 吉村さんは今度の旅行に行かないんですか。

B そうですね。忙しくて行かないかもしれません。

A でも、最後の旅行になるかもしれないから

いっしょに行きましょう。

B そうですね。考えておきます。

A 요시무라 씨는 이번 여행에 안 가세요?

B 글쎄요. 바빠서 안 갈지도 모릅니다.

A 그래도, 마지막 여행이 될지도 모르니까 같이 가요.

B 글쎄요. 생각해보겠습니다.

旅行(りょこう) 여행 最後(さいご) 마지막 いっしょに 함께 考(かんが)える 생각하다

数学(すうがく) 수학 雪(ゆき) 눈 降(ふ)る 내리다 国(くに) 고향, 나라

▷ **~かもしれない** ~할(일)지도 모른다

~かもしれない는 체언 및 용언에 접속하여 「~할(일)지도 모른다」의 뜻으로 불확실한 추측을 나타냅니다. 정중하게 표현할 때는 ~かもしれません을 씁니다.

きょうは 雨が 降る**かもしれない**。
오늘은 비가 내릴지도 모른다.

彼女は ここへ 来ない**かもしれません**。
그녀는 여기에 오지 않을지도 모릅니다.

今度の 数学の 試験は 難しい**かもしれません**。
이번 수학 시험은 어려울지도 모릅니다.

あの 眼鏡を かけた 人は 日本人**かもしれません**。
저 안경을 쓴 사람은 일본사람일지도 모릅니다.

STEP 3 패턴 문형 연습

보기처럼 주어진 말을 우리말 뜻에 맞게 문장을 완성해 보세요.

| 보기 |

雪が降る / きょうは　　　　　　　눈이 내리다 / 오늘은

➔ きょうは雪が降るかもしれません。　오늘은 눈이 내릴지도 모릅니다.

① 国へ帰る / 木村さんは　➔ ＿＿＿＿＿＿＿＿＿＿＿ 。
기무라 씨는 고향에 갈지도 모릅니다.

② 試験は易しい / 今度の　➔ ＿＿＿＿＿＿＿＿＿＿＿ 。
이번 시험은 쉬울지도 모릅니다

인사표현 ⑦ 안부를 물을 때

일본 영화를 통해 익히 들어 알고 있는 **おげんきですか**는 「잘 지내십니까?」의 뜻으로 상대의 안부를 물을 때 주로 쓰이는 인사말입니다. 친한 친구 사이라면 **げんき?**로도 충분하며, 이에 대한 격식 차린 응답 표현으로는 **おかげさまで**와 **あいかわらずです** 등이 있습니다.

おげんきでしたか。	잘 지내셨습니까?
おかげさまでげんきです。	덕분에 잘 지냈습니다.
おかわりありませんか。	별고 없으십니까?
あいかわらずです。	여전합니다.

Part

3

동작 / 상태의
열거표현 익히기

학습일

열거의 표현

家賃も高いし、引っ越ししたいな。

집세도 비싸고 해서 이사하고 싶어.

STEP 1 여러 번 듣고 소리내어 반복해서 읽어보세요.

A 君のアパートは静かなの。

B うん、うちのアパートは静かだし、日当たりもいいよ。

A わたしのアパートはにぎやかだし、家賃も高いし、引っ越ししたいな。

B でも、会社から近いからしょうがないじゃん。

A 네가 사는 아파트 조용해?
B 응, 우리 아파트는 조용하고 햇볕도 잘 들어.
A 우리 아파트는 시끄럽고 집세도 비싸고 이사하고 싶어.
B 그래도, 회사에서 가까우니까 어쩔 수 없잖아.

アパート 아파트　**日当(ひあ)たり** 양지　**賑(にぎ)やかだ** 붐비다　**引(ひ)っ越(こ)し** 이사
近(ちか)い 가깝다　**しょうがない** 어쩔 수 없다 | **暇(ひま)** 틈. 짬　**就職(しゅうしょく)** 취직
自分(じぶん)で 스스로　**パン** 빵

STEP 2　이것만은 꼭 알아두세요.

▷ ~し ~하고

し는 활용어에 접속하여 여러 가지 사항을 열거할 때 쓰는 접속조사입니다. 보통 ~し ~し의 형태로 복수의 사실이나 사항을 열거해서 그것을 이유로 제시하는 것이 기본적인 용법이지만, 여러 가지 이유 중에서 어느 한 가지만을 예로 들고 나머지는 언외(言外)로 돌리는 용법으로 쓰이기도 합니다.

この 店は 安いし、うまい。

이 가게는 싸고 맛있다.

お金も あるし、暇も あるし、映画にでも 出かけましょう。

돈도 있고 시간도 있으니 영화라도 보러 나갑시다.

今日は 雨だし、それに 風も つよい。

오늘은 비도 오고 게다가 바람도 세다.

就 職も できたし、これから 自分で やって いきます。

취직도 되었고 하니 앞으로 스스로 해 나가겠습니다.

STEP 3　패턴 문형 연습

보기처럼 주어진 말을 우리말 뜻에 맞게 문장을 완성해 보세요.

	보기

このパンは 安い / うまい　　　　　이 빵은 싸다 / 맛있다

➜ このパンは 安いし、うまいです。　이 빵은 싸고 맛있습니다.

① お金も ある / どこかへ 行く　　　➜ _____ 。

　돈도 있고 하니 어딘가로 갑시다.

② 今日は 休みだ / それに 天気も いい　➜ _____ 。

　오늘은 휴일이고 게다가 날씨도 좋습니다.

45

단정 · 형용동사의 열거형

学生によって上手だったりします。

학생에 따라서 잘하거나 합니다.

입에
착착!

STEP 1 여러 번 듣고 소리내어 반복해서 읽어보세요.

A 先生のクラスの学生はみんな英語が 上手ですか。

B いいえ、学生によって 上手だったり下手だったりします。

A ここはいつもこんなに静かですか。

B いいえ、日によって賑やかだったりします。

A 선생님 반 학생들은 모두 영어를 잘합니까?
B 아니오. 학생에 따라서 잘하거나 못하거나 합니다.
A 여기는 언제나 이렇게 조용합니까?
B 아니오. 날에 따라서 붐비기도 합니다.

クラス 클래스, 반 **皆(みんな)** 모두 **上手(じょうず)だ** 능숙하다, 잘하다 **下手(へた)だ** 서투르
다, 못하다 │ **男子(だんし)** 남자 **女子(じょし)** 여자 **選(えら)ぶ** 고르다 **地域(ちいき)** 지역

STEP 2 　이것만은 꼭 알아두세요.

▷ **명사(형용동사) ~だったり** ～이(하)기도 하고

たり는 단정을 나타내는 だ의 과거형이나, 형용동사의 과거형에 접속하여 사물이나 상태를 열거합니다. 즉, 우리말의 「~이(하)기도 하고」의 뜻으로 주로 「~だったり~だったりする」로 많이 쓰입니다.

曜日^{よう び} に よって 男子学生^{だん し がくせい}だったり 女子学生^{じょ し がくせい}だったり します。

요일에 따라 남학생이기도 하고 여학생이기도 합니다.

日^ひに よって 静^{しず}かだったり 賑^{にぎ}やかだったり します。

날에 따라서 조용하기도 하고 붐비기도 합니다.

必要^{ひつよう}だったり する ものを 選^{えら}んで ください。

필요하거나 한 것을 고르세요.

STEP 3 　패턴 문형 연습

보기처럼 주어진 말을 우리말 뜻에 맞게 문장을 완성해 보세요.

─────────────────────── | 보기 |

上手^{じょう ず}だ / 下手^{へ た}だ / 人^{ひと}によって 　　　잘하다 / 못하다 / 사람에 따라서

➡ 人によって上手だったり下手だったりします。 사람에 따라서 잘하기도 하고 못하기도 합니다.

① 歌手^{か しゅ}だ / タレントだ / 彼^{かれ}は 　➡ ＿＿＿＿＿＿＿＿＿＿＿＿＿＿＿ 。

그는 가수이기도 하고 탤런트이기도 합니다.

② 雨^{あめ}だ / 雪^{ゆき}だ / 地域^{ち いき}によって 　➡ ＿＿＿＿＿＿＿＿＿＿＿＿＿＿＿ 。

지역에 따라서 비가 내리거나 눈이 오기도 합니다.

형용사의 열거형

品物によって安かったりします。

물건에 따라서 싸거나 합니다.

STEP 1 여러 번 듣고 소리내어 반복해서 읽어보세요.

A このスーパーは何<small>なん</small>でも値段<small>ねだん</small>が安<small>やす</small>いですか。

B いいえ、品物<small>しなもの</small>によって安<small>やす</small>かったり高<small>たか</small>かったりします。

A ここはいつも人<small>ひと</small>がたくさんいますか。

B いいえ、時間<small>じかん</small>によって人<small>ひと</small>が多<small>おお</small>かったり少<small>すく</small>なかったりします。

A 저 슈퍼는 무엇이든 값이 쌉니까?
B 아니오. 물건에 따라서 싸거나 비싸거나 합니다.
A 여기는 언제나 사람이 많습니까?
B 아니오. 시간에 따라서 사람이 많거나 적거나 합니다.

品物(しなもの) 물건　**少**(すく)**ない** 적다 │ **薬**(くすり) 약　**効果**(こうか) 효과　**魚**(さかな) 물고기　**取**(と)**れる** 잡히다　**量**(りょう) 양　**涼**(すず)**しい** 시원하다

STEP 2 이것만은 꼭 알아두세요.

▷ 형용사 ~かったり ~하기도 하고

たり는 형용사의 과거형에 접속하여 상태를 열거합니다. 즉, 우리말의 「~하기도 하고」의 뜻으로 주로 ~かったり~かったりする로 많이 쓰입니다.

기본형	과거형	조건형	의 미
早(はや)い	早かった	早かったり	빠르기도 하고
遅(おそ)い	遅かった	遅かったり	늦기도 하고

去年の 冬は 暑かったり 寒かったり して よく なかった。

작년 겨울은 덥기도 하고 춥기도 해서 좋지 않았다.

薬は 飲んだり 飲まなかったり しては 効果が ない。

약을 먹었다 안 먹었다 하면 효과가 없다.

曜日に よって 早かったり 遅かったり します。

요일에 따라 빠르기도 하고 늦기도 합니다.

STEP 3 패턴 문형 연습

보기처럼 주어진 말을 우리말 뜻에 맞게 문장을 완성해 보세요.

──────────────────── | 보기 |

安い / 高い / 品物によって   싸다 / 비싸다 / 물건에 따라서

➔ 品物によって安かったり高かったりします。 물건에 따라서 싸기도 하고 비싸기도 합니다.

① 多い / 少ない / 魚の取れる量は   ➔ _____ 。

물고기가 잡히는 양은 많기도 하고 적기도 합니다.

② 暑い / 涼しい / 地域によって   ➔ _____ 。

지역에 따라서 덥기도 하고 시원하기도 합니다.

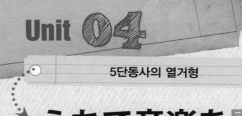

Unit 04

학습일

5단동사의 열거형

うちで音楽を聞いたりします。

집에서 음악을 듣거나 합니다.

STEP 1 여러 번 듣고 소리내어 반복해서 읽어보세요.

A 今日ソウルの天気はどうでしたか。

B 一日じゅう雨が降ったり止んだりしました。

A 雨が降る日はうちで何をして過ごしますか。

B 部屋で手紙を書いたり、音楽を聞いたりします。

A 오늘 서울 날씨는 어땠어요?
B 하루 종일 비가 왔다가 갰다가 했습니다.
A 비가 오는 날은 집에서 무엇을 하며 지냅니까?
B 집에서 편지를 쓰거나 음악을 듣거나 합니다.

天気(てんき) 날씨 **一日中(いちにちじゅう)** 하루종일 **止(や)む** 그치다 **過(す)ごす** 지내다
手紙(てがみ) 편지 **音楽(おんがく)** 음악 | **ギター** 기타 **絵(え)** 그림 **描(か)く** 그리다

50

▷ 5단동사 ~いた(だり)(イ음편) ~하기도 하고

たり는 두 가지 이상의 동작을 적당히 열거하거나 서로 반대되는 사항을 나열할 때, 또는 여러 가지 동작 중에 어느 한 가지만을 예로 들고 나머지는 언외(言外)로 돌리는 경우에 쓰이는 접속조사입니다. たり가 5단동사에 접속할 때는 앞서 배운 た나 て가 이어질 때와 마찬가지로 어미가 く・ぐ인 경우는 イ음편을 하여 いた(だ)り의 형태를 취합니다.

部屋で 手紙を 書いたり 音楽を 聞いたり する。

방에서 편지를 쓰기도 하고 음악을 듣기도 한다.

▷ 5단동사 ~ったり(촉음편) ~하기도 하고

5단동사의 어미가 つ・る・う인 경우는 촉음편을 하여 ~ったり의 형태를 취합니다.

会社へ 行く 時は バスに 乗ったり タクシーに 乗ったり します。

회사에 갈 때는 버스를 타기도 하고 택시를 타기도 합니다.

보기처럼 주어진 말을 우리말 뜻에 맞게 문장을 완성해 보세요.

─────────────────────────────── | 보기 |

> ギターを引く / 絵を描く   기타를 치다 / 그림을 그리다
>
> ➔ ギターを引いたり絵を描いたりします。 기타를 치거나 그림을 그리거나 합니다.

① 歌を歌う / 音楽を聞く   ➔ _____ 。
　　　　　　　　　　　　　　노래를 부르거나 음악을 듣거나 합니다.

② 雨が降る / 雪が降る   ➔ _____ 。
　　　　　　　　　　　　　　비가 오기도 하고 눈이 오기도 합니다.

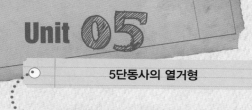

Unit 05

5단동사의 열거형

外で友だちと遊んだりします。

밖에서 친구와 놀거나 합니다.

학습일

STEP 1 여러 번 듣고 소리내어 반복해서 읽어보세요.

A 田中さんはいつも日曜日は何をしていますか。

B そうですね。うちで本を読んだり友だちと遊んだりします。

A 歌を歌うのは好きですか。

B はい、時々カラオケで歌ったりしますね。

A 다나카 씨는 평소 일요일에는 무엇을 합니까?
B 글쎄요. 집에서 책을 읽거나 친구와 놀거나 합니다.
A 노래를 부르는 것은 좋아합니까?
B 네, 가끔 가라오케에서 노래를 부르거나 합니다.

時々(ときどき) 가끔. 때때로 **カラオケ** 가라오케. 노래방 │ **ビール** 맥주 **小説**(しょうせつ) 소설 **コーヒー** 커피 **ジュース** 주스

52

STEP 2 이것만은 꼭 알아두세요.

▷ **5단동사 ~んだり(하네루 음편)** ~하기도 하고

5단동사의 어미가 む·ぶ·ぬ인 경우는 하네루 음편을 하여 ~んだり의 형태를
취합니다.

> ビールを 飲**んだり** 歌を 歌ったり します。
>
> 맥주를 마시거나 노래를 부르거나 합니다.
>
> 小説を 読**んだり** 音楽を 聞いたり します。
>
> 소설을 읽거나 음악을 듣거나 합니다.

▷ **5단동사 ~したり(무음편)** ~하기도 하고

어미가 す인 5단동사는 음편이 없으며 ます가 접속될 때와 동일합니다.

> かばんの 中で 何か 出**したり**、誰かに 話**したり** します。
>
> 가방 속에서 뭔가 꺼내기도 하고 누군가에게 이야기하기도 합니다.

STEP 3 패턴 문형 연습

보기처럼 주어진 말을 우리말 뜻에 맞게 문장을 완성해 보세요.

> | 보기 |
> コーヒーを 飲む / ジュースを 飲む   커피를 마시다 / 주스를 마시다
>
> コーヒーを 飲んだりジュースを 飲んだりする。 커피를 마시기도 하고 주스를 마시기도 한다.

① 小説を読む / 雑誌を読む   ➡ _____ 。

　소설을 읽기도 하고 잡지를 읽기도 한다.

② つくえを運ぶ / いすを運ぶ   ➡ _____ 。

　책상을 나르기도 하고 의자를 나르기도 한다.

1단동사와 변격동사의 열거형

友だちが遊びに来たりしますね。

친구들이 놀러 오거나 합니다.

STEP 1   여러 번 듣고 소리내어 반복해서 읽어보세요.

A 休みの日にはどう過ごしましたか。

B 部屋でビデオを見たり、外で運動をしたりしま
した。

A 友だちとは遊んだりしませんか。

B そうですね。友だちがうちに遊びに来たりしま
すね。

A 쉬는 날에는 어떻게 지냈습니까?
B 집에서 비디오를 보기도 하고 밖에서 운동을 하기도 했습니다.
A 친구들과 놀거나 하지 않습니까?
B 글쎄요. 친구들이 집에 놀러 오거나 합니다.

どう 어떻게 ビデオ 비디오 外(そと) 밖 運動(うんどう) 운동 | 体操(たいそう) 체조 ジョギング 조깅 ネオン 네온 テニス 테니스

54

STEP 2 이것만은 꼭 알아두세요.

▷ **1단동사 ~たり** ~하기도 하고

접속조사 たり가 동사에 접속할 때는 앞서 배운 た나 て가 이어질 때와 마찬가지로 상1단·하1단동사의 경우는 어미 る가 탈락되고 たり가 접속됩니다.

休みの日は テレビを 見たり 音楽を 聞いたり します。

쉬는 날에는 텔레비전을 보거나 음악을 듣거나 합니다.

▷ **변격동사 ~たり** ~하기도 하고

접속조사 たり가 변격동사에 접속할 때는 きたり, したり가 됩니다.

韓国と 日本の 間を 行ったり **来たり** します。

한국과 일본 사이를 왔다 갔다 합니다.

朝起きて 体操を **したり** ジョギングを **したり** します。

아침에 일어나 체조를 하거나 조깅을 하거나 합니다.

STEP 3 패턴 문형 연습

보기처럼 주어진 말을 우리말 뜻에 맞게 문장을 완성해 보세요.

| 보기 |

遅く寝る / 早く起きる   늦게 자다 / 일찍 일어나다

➔ 遅く寝たり早く起きたりします。   늦게 자거나 일찍 일어나거나 합니다.

① ネオンがつく / 消える   ➔ _____ 。

　　　　　　　　　　　　　　　　　네온이 켜졌다 꺼졌다 합니다.

② テレビを見る / テニスをする ➔ _____ 。

　　　　　　　　　　　　　　　　　텔레비전을 보거나 테니스를 하거나 합니다.

인사표현 ⑧ 안부를 전할 때

~によろしくおつたえください(~에게 잘 안부 전해 주십시오)는 헤어지면서 다른 상대의 안부를 전할 때 쓰이는 표현으로 보통 간편하게 줄여서 ~によろしく라고 합니다.

みなさんによろしく。	모두에게 안부 전해주세요.
じゃ、げんきでさようなら。	그럼, 안녕히 계세요.
おとうさんにどうぞよろしくおつたえください。	아버님께 안부 전해 주십시오.
きむらによろしくいっておいてね。	기무라에게 안부 전해줘.

Part

4

완료상태의
패턴 익히기

열거 · 연결의 표현

京都とか、大阪にも行ってきました。

교토와 오사카에도 다녀왔습니다.

STEP 1 여러 번 듣고 소리내어 반복해서 읽어보세요.

A 日本での旅行はどこに行ってきましたか。

B 京都とか奈良とか、それから大阪にも行ってきました。

A いつ日本に行きましたか。

B 5年前に行ってきて、それから去年 2回も行ってきました。

A 일본에서의 여행은 어디에 다녀오셨습니까?

B 교토와 나라, 그리고 오사카에도 다녀왔습니다.

A 언제 일본에 갔었습니까?

B 5년전에 다녀오고, 그리고 작년에 두 번이나 다녀왔습니다.

去年(きょねん) 작년 | 芝居(しばい) 연극　散歩(さんぽ) 산책　地位(ちい) 지위

名誉(めいよ) 명예　重(おもん)じる 중요시하다　騒(さわ)ぐ 떠들다

STEP 2 이것만은 꼭 알아두세요.

▷ **~とか** ~라든가

とか는 어떤 사물이나 동작에 대해 두 개 이상 예를 들어서 말할 때 씁니다. 우리말의 「~이라든가」에 해당하며, 주로 ~とか ~とか의 형태로 많이 쓰입니다.

僕は 映画**とか** 芝居とか いう ものは 好きじゃない。

나는 영화라든가 연극이라든가 하는 것은 좋아하지 않는다.

時々 散歩する**とか** スポーツを する**とか** しなさい。

가끔 산책을 한다든가 운동을 한다든가 해라.

▷ **それから** 그리고 나서

それから는 말을 연이어서 할 때 쓰이는 접속사로 우리말의 「그리고 나서, 그 다음에, 그리고, 이어서」 등으로 해석됩니다.

ケーキが 出て、**それから** コーヒーが 出た。

케이크가 나오고 이어서 커피가 나왔다.

STEP 3 패턴 문형 연습

보기처럼 주어진 말을 우리말 뜻에 맞게 문장을 완성해 보세요.

| 보기 |

散歩する / ジョギングをする / しなさい   산책 / 조깅하다 / 해라

➡ 散歩するとかジョギングをするとかしなさい。 산책을 하든가 조깅을 하든가 해라.

① 地位 / 名誉 / 重んじる   ➡ _____ 。

지위라든가 명예를 중히 여기다.

② 行く / 行かない / 言って騒いでいる ➡ _____ 。

간다거니 안 간다거니 하며 떠들고 있다.

접두어 お(ご)의 존경 · 미화 표현

あの方はとてもお優しい方です。

그분은 매우 상냥하신 분입니다.

입에 착착!

STEP 1　여러 번 듣고 소리내어 반복해서 읽어보세요.

A　吉村さんはどんな方ですか。

B　あの方は、とてもお優しい方です。

A　ぜひ会ってみたいです。

B　あとで、わたしがご紹介します。

A　요시무라 씨는 어떤 분입니까?
B　그분은 매우 상냥하신 분입니다.
A　꼭 만나보고 싶군요.
B　나중에 제가 소개해 드릴게요.

優(やさ)しい 상냥하다　ぜひ 꼭　紹介(しょうかい)する 소개하다　│　案内(あんない)する 안내하다

STEP 2 이것만은 꼭 알아두세요.

▷ **접두어 お(ご)의 존경 용법**

일본어에서는 상대방에 대해서 존경의 뜻을 나타내기 위해 접두어 お(ご)를 상대방의 소유물이나 관계되는 말 앞에 붙여 줍니다. 주로 お는 순수 일본어에 접두되고, ご는 한자어에 접두되는 경우가 많으나 이것은 일정하지가 않습니다.

これは 先生の お荷物です。 이것은 선생님의 짐입니다.

わたしが 東京を ご案内します。 제가 도쿄를 안내해 드리겠습니다.

▷ **접두어 お의 미화 용법**

お는 단순히 말의 품위를 높여주기 위해 상대방과 관계없는 것에도 습관적으로 붙여서 표현하는 경우가 많습니다. 이것을 미화어(美化語)라고 하는데, 말하는 사람의 교양을 나타내기 위한 것에 불과합니다.

喫茶店へ お茶を 飲みに 行く。 다방에 차를 마시러 가다.

お米を 洗う。 / お電話を する。 쌀을 씻다. / 전화를 하다.

STEP 3 패턴 문형 연습

보기처럼 주어진 말을 우리말 뜻에 맞게 문장을 완성해 보세요.

| 보기 |

電話をする 　　　　　 전화를 하다.

➡ お電話をします。 　전화를 드리겠습니다.

① 案内する 　➡ ＿＿＿＿＿＿＿＿＿＿＿＿＿＿＿＿＿＿＿＿。
　　　　　　　 안내해 드리겠습니다.

② 紹介する 　➡ ＿＿＿＿＿＿＿＿＿＿＿＿＿＿＿＿＿＿＿＿。
　　　　　　　 소개해 드리겠습니다.

상태의 명사화

高さは何メートルですか。

놓이는 몇 미터 입니까?

STEP 1 여러 번 듣고 소리내어 반복해서 읽어보세요.

A あの山の高さは何メートルですか。

B そうですね。高さは知りませんが、日本でいち
ばん高いです。

A 松本さんはあの山に登ったことがありますか。

B はい。山の美しさは今でも忘れられませんよ。

A 저 산의 높이는 몇 미터 입니까?

B 글쎄요. 높이는 모르겠지만, 일본에서 가장 높습니다.

A 마츠모토 씨는 저 산에 오른 적이 있습니까?

B 네. 산의 아름다움은 지금도 잊을 수 없어요.

知(し)る 알다　登(のぼ)る 오르다　今(いま)でも 지금도　忘(わす)れる 잊다 ｜ 板(いた) 판
자　美(うつく)しい 아름답다　悲(かな)しい 슬프다　胸(むね) 가슴　重(おも)い 무겁다

STEP 2 이것만은 꼭 알아두세요.

▷ **접미어 さ의 용법**

접미어 さ는 형용사의 어간이나 형용동사의 어간에 접속하여 그러한 성질이나 상태가 있는 것이라는 명사를 만들며, 또한 그 정도를 나타내기도 합니다. 상태를 명사화하는 접미어는 さ 이외에 み가 있는데 이것은 さ보다 추상적인 느낌을 줍니다.

あそこに 長さ 10メートル、重さ 5トンの 板が ある。

저기에 길이 10미터, 무게 5톤의 판자가 있다.

富士山の 高さは 何メートルですか。

후지산 높이는 몇 미터입니까?

あの 山の 美しさは 今にも 忘れられません。

그 산의 아름다움은 지금도 잊을 수 없습니다.

悲しみで 胸が 一杯です。

슬픔으로 가슴이 메입니다.

STEP 3 패턴 문형 연습

보기처럼 주어진 말을 우리말 뜻에 맞게 문장을 완성해 보세요.

| 보기 |

長い / 何メートルですか   길다 / 몇 미터입니까?

➜ 長さは何メートルですか。   길이는 몇 미터입니까?

① 高い / 何メートルですか   ➜ _____ 。

높이는 몇 미터입니까?

② 重い / 何キロですか   ➜ _____ 。

무게는 몇 킬로그램입니까?

동작의 진행 · 완료의 표현

今、準備するところです。

지금 준비하려던 참입니다.

입에 착착!

STEP 1　여러 번 듣고 소리내어 반복해서 읽어보세요.

A　木村さん、何を見ていたんですか。

B　時代劇を見ていたところです。

A　きょう約束があったんじゃないですか。

B　はい、今、準備するところです。

A　기무라 씨, 뭘 보고 있었어요?
B　사극을 보고 있던 참입니다.
A　오늘, 약속이 있지 않나요?
B　네, 지금 준비하려던 참입니다.

時代劇(じだいげき) 사극　**約束**(やくそく) 약속　**準備**(じゅんび)**する** 준비하다 ┃ **会議**(かいぎ) 회의　**終**(お)**わる** 끝나다　**外出**(がいしゅつ)**する** 외출하다

이것만은 꼭 알아두세요.

▷ **동사 ~ところだ**　막 ~하려던 참이다

ところだ가 동사의 기본형에 접속하면 「막 ~하려던 참이다」의 뜻으로 동작이 이루어지기 직전의 상태를 나타냅니다.

今 出かける **ところです**。 지금 나가려던 참입니다.

▷ **동사 ~ているところだ**　~하고 있는 중이다

ところだ는 동사의 진행형에 접속하여 ~ているところだ의 형태를 취하면, 우리말의 「~하고 있는 중이다」의 뜻으로 동작이 계속 진행되고 있음을 나타냅니다.

今 テレビを 見**ているところです**。 지금 텔레비전을 보고 있는 중입니다.

▷ **동사 ~たところだ**　막 ~했다

ところだ는 동사의 과거형에 접속한 ~たところだ의 형태로 쓰이면 동작이 이루어진 직후의 상태로 우리말로는 「막 ~했다」에 해당합니다.

たった今 会議が 終わっ**た ところです**。
방금 막 회의가 끝난 참입니다.

패턴 문형 연습

보기처럼 주어진 말을 우리말 뜻에 맞게 문장을 완성해 보세요.

| 보기 |
今行く　　　　　　　　　지금 가다
➔ 今行くところです。　　지금 가려던 참입니다.

① 今外出する　　➔ _____ 。
지금 외출하려던 참입니다.

② ドラマを 見ている　➔ _____ 。
드라마를 보고 있는 중입니다.

동작의 완료 및 상태의 표현

買ったばかりでまだ読んでいません。

막 (책을) 사서 아직 읽지 않았습니다.

STEP 1 여러 번 듣고 소리내어 반복해서 읽어보세요.

A　その本を貸してくださいませんか。

B　すみませんが、買ったばかりでまだ読んでいません。

A　ところで、その本はたしか韓国語で書いてありましたよね。韓国語がわかりますか。

B　韓国語は勉強したばかりで、よくわかりません。

A　그 책을 빌려주시지 않겠습니까?

B　죄송합니다만, 막 산 책이라 아직 읽지 않았습니다.

A　그런데, 그 책은 분명 한국어로 쓰여 있던데요. 한국어를 할 줄 아세요?

B　한국어는 막 공부해서 잘 모릅니다.

貸(か)す 빌려주다　ところで 그런데　韓国語(かんこくご) 한국어 ｜　ゆうべ 어젯밤　始(はじ)める 시작하다

STEP 2 이것만은 꼭 알아두세요.

▷ **동사 ~たばかりだ** 막 ~했다

ばかり는 범위를 한정하는 뜻을 나타내는 조사로 우리말의 「~만, ~뿐」에 해당하지만 동사의 과거형에 접속하여 ~たばかりだ의 형태가 되면 「막 ~했다」의 뜻으로 동작이 끝난 지 얼마 되지 않았음을 나타냅니다.

その 話は さっき 聞いたばかりです。
그 이야기는 아까 막 들었습니다.

今 着いたばかりです。
지금 막 도착했습니다.

まだ 日本へ 来たばかりで 日本語が よく わかりません。
아직 일본에 온 지 얼마 안 되어서 일본어를 잘 모릅니다.

この 本は きのう 買ったばかりで まだ 読んでいません。
이 책은 어제 갓 사서 아직 읽지 않았습니다.

あの 人には ゆうべ 会ったばかりです。
그 사람은 어젯밤 처음 만났습니다.

STEP 3 패턴 문형 연습

보기처럼 주어진 말을 우리말 뜻에 맞게 문장을 완성해 보세요.

| 보기 |
> たった今帰る   방금 돌아오다
> ➔ たった今帰ったばかりです。   방금 막 돌아왔습니다.

① たった今聞く   ➔ _____ 。
　　　　　　　　　　　방금 막 들었습니다.

② たった今始める   ➔ _____ 。
　　　　　　　　　　　방금 막 시작했습니다.

동작의 한정 표현

うちの子供は勉強ばかりしています。

우리 애는 공부만 하고 있어요.

STEP 1 여러 번 듣고 소리내어 반복해서 읽어보세요.

A うちの子供はうちで勉強ばかりしています。

B それがどうしたんですか。

A まったく運動もしないので心配です。

B 遊んでばかりいるよりいいのじゃないですか。

A 우리 애는 집에서 공부만 해요.

B 그게 어때서요?

A 전혀 운동도 안 해서 걱정입니다.

B 놀기만 하는 것보다 낫지 않나요?

子供(こども) 어린이 **心配**(しんぱい)**だ** 걱정이다 | **座**(すわ)**る** 앉다 **怪我**(けが) 상처 **赤**(あか)**ちゃん** 아기 **泣**(な)**く** 울다

STEP 2 이것만은 꼭 알아두세요.

▷ **동사 ~てばかりいる** ~하고만 있다

ばかり가 동사의 て형에 접속하여 ~てばかりいる의 형태가 되면「~하고만 있다」의 뜻으로 다른 동작은 하지 않고 단지 그 동작만 함을 나타냅니다.

座ってばかり いないで、たまには 運動しなさい。

앉아만 있지 말고 가끔은 운동하거라.

何も しないで、うちで 遊んでばかり います。

아무 것도 하지 않고 집에서 놀고만 있습니다.

▷ **~ばかり ~ている** ~만 ~하고 있다

위의 표현은 ~ばかり~ている의 형태로 바꾸어서 말할 수도 있습니다. 이것도 그것뿐이고 다른 것은 없다는 뜻을 나타냅니다.

彼女は テレビばかり 見ています。

그녀는 텔레비전만 보고 있습니다.

STEP 3 패턴 문형 연습

보기처럼 주어진 말을 우리말 뜻에 맞게 문장을 완성해 보세요.

| 보기 |

いつも怪我する　　　　　　　늘 다치다

➔ いつも怪我してばかりいます。　늘 다치기만 합니다.

① 赤ちゃんは泣く　　➔ ＿＿＿＿＿＿＿＿＿＿＿＿＿＿＿＿＿ 。

아이는 울기만 합니다.

② 朝から食べる　　➔ ＿＿＿＿＿＿＿＿＿＿＿＿＿＿＿＿＿ 。

아침부터 먹기만 합니다.

인사표현 ⑨ 처음 만났을 때

일본인과 처음 만났을 때는 사생활을 자세히 물어보거나 스킨십을 하는 것을 피하는 게 좋습니다.
그것은 악수보다는 고개를 숙여 절을 하는 인사에 익숙하기 때문입니다. 초면 인사로는 **はじめま
して**가 있습니다. 이에 상대방도 마찬가지로 자신의 이름을 말하고 특별히 부탁할 것이 없어도 습
관적으로 **どうぞ よろしく**라고 합니다.

はじめまして。	처음 뵙겠습니다.
はじめまして。どうぞよろしく。	처음 뵙겠습니다. 잘 부탁합니다.
どうぞよろしくおねがいいたします。	잘 부탁드립니다.
おめにかかれてうれしいです。	뵙게 되어 반갑습니다.

Part

5

가능표현
제대로 익히기

학습일

가능의 표현

日本語を話すことができますか。

일본어를 말할 줄 아세요?

STEP 1 여러 번 듣고 소리내어 반복해서 읽어보세요.

A キムさんは日本語を話すことができますか。

B はい、できます。

A 日本語を書くこともできますか。

B いいえ、漢字が難しくてあまりできません。

A 김씨는 일본어를 알 줄 아세요?
B 네, 할 줄 압니다.
A 일본어를 쓸 줄도 아세요?
B 아니오. 한자가 어려워서 잘 못씁니다.

できる 할 수 있다 **難(むずか)しい** 어렵다 **漢字(かんじ)** 한자 │ **字(じ)** 글자 **英文(えいぶん)** 영문 **自転車(じてんしゃ)** 자전거

STEP 2 이것만은 꼭 알아두세요.

▷ **동사 ~ことができる** ~할 수가 있다

できる는 「할 수 있다, 완성되다, 생기다」의 뜻을 가진 동사로 동사의 기본형에 ことができる의 형태로 접속하면 「~할 수가 있다」의 뜻으로 가능의 표현을 만듭니다. 이 때 조사 が는 は, も 등으로 바꾸어 쓸 수 있습니다. 참고로 변격동사 する의 경우는 できる만으로도 쓰입니다.

この 字を 書く ことが できますか。

이 글자를 쓸 수가 있습니까?

この 英文は うまく 読む ことは できません。

이 영문은 잘 읽을 수는 없습니다.

この 漢字は 日本語で 読む ことも 書く ことも できます。

이 한자는 일본어로 읽을 줄도 쓸 줄도 압니다.

STEP 3 패턴 문형 연습

보기처럼 주어진 말을 우리말 뜻에 맞게 문장을 바꿔 보세요.

| 보기 |

英語で手紙を書く   영어로 편지를 쓰다

➔ 英語で手紙を書くことができます。   영어로 편지를 쓸 수 있습니다.

① 難しい漢字も読む   ➔ _____ 。

　　　　　　　　　　어려운 한자도 읽을 수 있습니다.

② 自転車に乗る   ➔ _____ 。

　　　　　　　　자전거를 탈 수 있습니다.

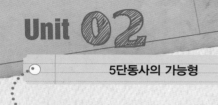
5단동사의 가능형

日本へ一人で行けるでしょう。

일본에 혼자서 갈 수 있겠죠?

STEP 1 여러 번 듣고 소리내어 반복해서 읽어보세요.

A　キムさんは日本語で手紙を書けますか。

B　いいえ、まだ習ったばかりで、手紙は書けません。

A　でも、日本へひとりで行けるでしょう。

B　いいえ、ひとりでは行けません。

A　김씨는 일본어로 편지를 쓸 수 있습니까?
B　아니오. 아직 배운지 얼마 안 되어서 편지는 못 씁니다.
A　하지만, 일본에 혼자 갈 수 있겠죠?
B　아니오. 혼자서는 못 갑니다.

習(なら)う 배우다, 익히다 ┃ ピアノ 피아노 ┃ 引(ひ)く (악기를) 치다, 켜다

STEP 2 이것만은 꼭 알아두세요.

▷ 5단동사의 가능형

일본어에는「할 수 있다」의 가능표현은 두 가지로 앞서 ことができる의 형태와
동사를 가능형으로 만들어 표현하는 경우가 있습니다. 5단동사의 가능형은 어
미 う단을 え단으로 바꾸고 동사형 어미 る를 접속하여 하1단동사를 만들면 가
능동사가 됩니다. 또한 가능형의 경우 그 행동의 대상이 되는 것에는 조사 が를
씁니다.

기본형	의 미	가능형	의 미
行(い)く	가다	行ける	갈 수 있다
泳(およ)ぐ	헤엄치다	泳げる	헤엄칠 수 있다
待(ま)つ	기다리다	待てる	기다릴 수 있다
乗(の)る	타다	乗れる	탈 수 있다
買(か)う	사다	買える	살 수 있다

STEP 3 패턴 문형 연습

보기처럼 주어진 말을 우리말 뜻에 맞게 문장을 바꿔 보세요.

─────────────────────────────────────── | 보기 |

漢字(かんじ)を書(か)く　　　　한자를 쓰다

➔ 漢字が書けますか。　　한자를 쓸 수 있습니까?

───

① ピアノを引(ひ)く　　➔ _____。

　　　　　　　　　　피아노를 칠 수 있습니까?

② 一人(ひとり)で行(い)く　　➔ _____。

　　　　　　　　　　혼자서 갈 수 있습니까?

Unit 03

5단동사의 가능형

ビールは少し飲めます。

맥주는 조금 마실 수 있습니다.

입에 착착!

STEP 1 여러 번 듣고 소리내어 반복해서 읽어보세요.

A よしむら
   吉村さんはお酒が飲めますか。

B つよ さけ の
   強い酒は飲めませんが、ビールは少し飲めま
   す。

A よしむら あい ひと し
   吉村さんは愛する人のために死ねますか。

B いいえ、それはできませんね。

A 요시무라 씨는 술을 마실 줄 아세요?
B 센 술은 못 마시지만, 맥주는 조금 마실 수 있습니다.
A 요시무라 씨는 사랑하는 사람을 위해서 죽을 수 있습니까?
B 아니오, 그건 할 수 없겠군요.

愛(あい)する 사랑하다 死(し)ぬ 죽다 | 鳥(とり) 새 ウイスキー 위스키 新聞(しんぶん)
신문 空(そら) 하늘 飛(と)ぶ 날다

STEP 2 이것만은 꼭 알아두세요.

▷ **5단동사의 가능형**

5단동사의 어미가 む, ぶ, ぬ, す인 경우 가능형을 만들 때는 め, べ, ね, せ로 바꾸고 동사형 어미 る를 접속하여 하1단동사를 만들면 가능동사가 됩니다. 또한 가능형의 경우 그 행동의 대상이 되는 것에는 조사 が를 씁니다.

기본형	의 미	가능형	의 미
飲(の)む	마시다	飲める	마실 수 있다
飛(と)ぶ	날다	飛べる	날 수 있다
死(し)ぬ	죽다	死ねる	죽을 수 있다
話(はな)す	말하다	話せる	말할 수 있다

あの 鳥は 病気で 飛べない。
저 새는 아파서 날 수 없다.

あなたは 強い ウイスキーも 飲めますか。
당신은 독한 위스키도 마실 수 있습니까?

あなたは 日本語が 話せますか。
당신은 일본어를 할 줄 압니까?

STEP 3 패턴 문형 연습

보기처럼 주어진 말을 우리말 뜻에 맞게 문장을 바꿔 보세요.

| 보기 |
日本語の新聞を読む　　　　일본어 신문을 읽다
➡ 日本語の新聞を読めますか。 일본어 신문을 읽을 줄 압니까?

① お酒を飲む　　➡ _____。
술을 마실 줄 압니까?

② 空を飛ぶ　　➡ _____。
하늘을 날 수 있습니까?

77

1단동사와 변격동사의 가능형

今は何でも食べられます。

지금은 뭐든지 먹을 수 있습니다.

STEP 1 여러 번 듣고 소리내어 반복해서 읽어보세요.

A 金田さんは辛いキムチも食べられますか。

B 最初は食べられませんでしたが、今は何でも食べられます。

A キムチを作れますか。

B いいえ、作ることはできません。

A 가네다 씨는 매운 김치도 먹을 수 있습니까?
B 처음에는 못 먹었었는데, 지금은 뭐든지 먹을 수 있습니다.
A 김치를 만들 수 있습니까?
B 아니오. 만드는 건 못합니다.

辛(から)い 맵다 キムチ 김치 最初(さいしょ) 처음, 최초 | 海(うみ) 바다

STEP 2   이것만은 꼭 알아두세요.

▷ **1단동사의 가능형**

상1단·하1단동사, 변격동사 くる의 경우는 어미 る를 떼고 られる를 접속하면 가능동사가 됩니다. 가능형의 경우 그 행동의 대상이 되는 것에는 조사 が를 씁니다.

기본형	의 미	가능형	의 미
見(み)る	보다	見られる	볼 수 있다
寝(ね)る	자다	寝られる	잘 수 있다

▷ **변격동사의 가능형**

변격동사 くる의 가능형은 こられる이며, する는 できる라는 독립된 가능동사가 있기 때문에 가능형은 없습니다. 가능형의 경우 그 행동의 대상이 되는 것에는 조사 が를 씁니다.

기본형	의 미	가능형	의 미
来(く)る	오다	来られる	올 수 있다
する	하다	できる	할 수 있다

STEP 3   패턴 문형 연습

보기처럼 주어진 말을 우리말 뜻에 맞게 문장을 바꿔 보세요.

| 보기 |

朝早(あさはや)く起(お)きる   아침 일찍 일어나다
➔ 朝早(あさはや)く起(お)きられますか。   아침 일찍 일어날 수 있습니까?

① 英語(えいご)で電話(でんわ)をかける   ➔ _____ 。
영어로 전화를 걸 수 있습니까?

② ここでは海(うみ)を見(み)る   ➔ _____ 。
여기서는 바다를 볼 수 있습니까?

79

학습일

가능 상태의 변화 표현

日本語ができるようになりました。

일본어를 할 수 있게 되었습니다.

STEP 1 여러 번 듣고 소리내어 반복해서 읽어보세요.

A どうしたら日本語^{に ほん ご}ができるようになるでしょう
か。

B 理屈^{り くつ}は考^{かんが}えないで覚^{おぼ}えるより仕方^{し かた}がないですね。

A でも、わたしは本当^{ほんとう}に覚^{おぼ}えるのが苦手^{にがて}ですよ。

B 頑張^{がん ば}るより仕方^{し かた}がありません。

A 어떻게 하면 일본어를 할 수 있게 될까요?
B 이치는 생각하지 말고 외우는 것 말고 방법이 없네요.
A 하지만, 저는 정말로 암기가 약한데요.
B 노력하는 것 말고 달리 방법이 없습니다.

理屈(りくつ) 이치, 사리 **覚**(おぼ)**える** 외우다 **苦手**(にがて)**だ** 서투르다 **頑張**(がんば)**る**
힘내다, 분발하다 | **済**(す)**む** 끝나다 **止**(や)**める** 그만두다

머리에 쏙쏙!

STEP 2 이것만은 꼭 알아두세요.

▷ **동사의 가능형 ~ようになる**   ~할 수 있게 되다

ように는 어떤 동작을 「~하도록」이라는 뜻으로 동작의 목적이나 목표, 또는 기원, 바람을 나타내는 말이지만, ~ようになる의 형태로 동사의 가능형에 접속하면 우리말의 「~할 수 있게 되다」로 불가능한 상태에서 가능한 상태로의 변화를 나타냅니다.

やっと 日本語の 会話が できるようになりました。

겨우 일본어 회화를 할 수 있게 되었습니다.

▷ **동사 ~より仕方がない**   ~할 수밖에 없다

より는 비교를 나타낼 때 쓰이는 말이지만, 뒤에 부정어를 오면 「~뿐이고 그 이외는 없다」라는 뜻이 되어, 그것 이외의 것은 전부 부정하는 뜻으로 쓰인다. 또 しかたがない는 「어쩔 수가 없다」는 뜻으로 しようがない라고도 합니다.

もう 済んだので 止めるより 仕方が ありません。

이미 끝났기 때문에 그만둘 수밖에 없습니다.

손으로 또박또박!

STEP 3 패턴 문형 연습

보기처럼 주어진 말을 우리말 뜻에 맞게 문장을 바꿔 보세요.

| 보기 |

日本語ができる   일본어를 할 수 있다

➡ 日本語ができるようになりました。   일본어를 할 수 있게 되었습니다.

① アメリカへ 行ける   ➡ _____ 。

미국에 갈 수 있게 되었습니다.

② 魚も 食べられる   ➡ _____ 。

생선도 먹을 수 있게 되었습니다.

> 의지 · 무의지 결정의 표현

旅行で会社を休むことにしました。

여행으로 회사를 쉬기로 했습니다.

STEP 1	여러 번 듣고 소리내어 반복해서 읽어보세요.

A 今日、山本さんはお休みですか。

B はい、交通事故で会社を休むことになりました。

A そうですか。中村さんもお休みですか。

B はい、旅行で 5日間会社を休むことにしました。

A 오늘 마츠모토 씨는 쉽니까?
B 네, 교통사고로 회사를 쉬게 되었습니다.
A 그렇습니까? 나카무라 씨도 쉽니까?
B 네, 여행으로 5일간 회사를 쉬기로 했습니다

お休(やす)み 쉼. 휴일   **交通事故(こうつうじこ)** 교통사고 | **転勤(てんきん)する** 전근하다
夏休(なつやす)み 여름방학(휴가)   **海外(かいがい)** 해외   **病院(びょういん)** 병원

82

이것만은 꼭 알아두세요.

▷ 동사 ~ことになる ~하게 되다

ことになる는 동사의 기본형에 접속하여 우리말의 「~하게 되다」라는 뜻으로 자기 자신의 의지가 아닌 외부에 의한 결정을 나타냅니다. 또한, ことになっている는 「~하기로 되어 있다」의 뜻으로 규칙이나 사회 습관, 예정 등을 나타낼 때 쓰입니다.

今度 大阪に 転勤する ことに なりました。
이번에 오사카로 전근하게 되었습니다.

▷ 동사 ~ことにする ~하기로 하다

ことにする는 「~하기로 하다」의 뜻으로 동사의 기본형에 접속하여 말하는 사람의 의지에 의한 결정을 나타냅니다. 또한 ことにしている의 형태는 「~하기로 하고 있다」나 「~하도록 하고 있다」의 뜻으로 개인의 습관이나 주장을 나타낼 때 쓰는데, 우리말에 직접 대응하지 않는 경우가 많습니다.

あしたの 朝から 早く 起きる ことに しました。
내일 아침부터 일찍 일어나기로 했습니다.

패턴 문형 연습

보기처럼 주어진 말을 우리말 뜻에 맞게 문장을 바꿔 보세요.

| 보기 |

あしたは休む   내일은 쉰다

➡ あしたは休むことにしました。   내일은 쉬기로 했습니다.

① 夏休みに海外旅行をする ➡ _____ 。

여름휴가 때 해외여행을 하기로 했습니다.

② 今日は病院へ行く ➡ _____ 。

오늘은 병원에 가기로 했습니다.

인사표현 ⑩ 방문할 때

ごめんください는 본래 사죄를 할 때 쓰이는 말이지만, 남의 집의 현관에서 안에 있는 사람을 부를 때도 쓰입니다. 상대가 집안으로 들어오길 권할 때는 **おじゃまではありませんか**(실례가 되지 않겠습니까?)라고 정중하게 인사를 하고 들어갑시다.

ごめんください。	실례합니다.
いらっしゃいませ。	어서 오십시오.
おじゃまいたします。	실례하겠습니다.
よくいらっしゃいました。	잘 오셨습니다.

84

6

조건표현
たら형 익히기

단정·형용동사의 조건형

嫌いだったら行かなくていいよ。
싫다면 안 가도 돼.

STEP 1 여러 번 듣고 소리내어 반복해서 읽어보세요.

A 吉村君、映画に行かない?

B 何の映画? アメリカの映画だったらぜひ行きたいね。

A 日本の映画だけど、嫌いだったら行かなくていいよ。

B いやいや、行きましょう。

A 요시무라, 영화 보러 안 갈래?
B 무슨 영화? 미국영화라면 꼭 가고 싶은데.
A 일본영화인데, 싫다면 안 가도 돼.
B 아냐, 가자.

ぜひ 꼭, 반드시 **嫌(きら)いだ** 싫다 **いや** 아니 | **野球(やきゅう)** 야구 **必要(ひつよう)だ** 필요하다

이것만은 꼭 알아두세요.

▷ **명사 ~だったら** ～이(었다)면

たら는 과거·완료를 나타내는 た의 가정·조건형입니다. 명사에 접속된 ~だったら는 단정을 나타내는 だ에 たら가 이어진 형태로「~이면, ~이라면」의 뜻을 나타냅니다.

　　野球だったら わたしも **好きです。**
　　야구라면 나도 좋아합니다.

▷ **형용동사 ~だったら** ～한(했)다면

たら는 과거·완료를 나타내는 た의 가정·조건형입니다. 형용동사의 경우도 단정의 だ와 마찬가지로 어미 だ가 だったら로 변하며「~한다면」의 뜻을 나타냅니다.

　　もう 少し 静かだったら いいですね。
　　좀 더 조용했으면 좋겠군요.

　　そんなに 有名だったら 一度 会って みたいですね。
　　그렇게 유명하다면 한번 만나보고 싶군요.

패턴 문형 연습

보기처럼 주어진 말을 우리말 뜻에 맞게 문장을 완성해 보세요.

┌─────────────────────────────────────── | 보기 |
│ 必要だ / 持っていってもいい　　　　　필요하다 / 가져가도 된다
│ ➡ 必要だったら持っていってもいいです。　필요하다면 가져가도 됩니다.
└───────────────────────────────────────

① 学生だ / 遊んではいけない　　　➡ ＿＿＿＿＿＿＿＿＿＿＿＿＿＿ 。
　　　　　　　　　　　　　　　　　　학생이라면 놀아서는 안 됩니다.

② 静かだ / 家賃が高くてもいい　　➡ ＿＿＿＿＿＿＿＿＿＿＿＿＿＿ 。
　　　　　　　　　　　　　　　　　　조용하다면 집세가 비싸도 괜찮습니다.

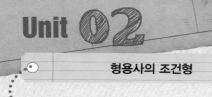

형용사의 조건형

都合がよかったら一緒に行きませんか。

형편이 괜찮으시면 같이 가지 않을래요?

STEP 1 여러 번 듣고 소리내어 반복해서 읽어보세요.

A 都合がよかったら、いっしょに旅行に行きませんか。

B どこですか。箱根だったらぜひ行きたいですね。

A 京都に行くつもりでしたが、もし遠かったら箱根にしましょうか。

B はい。箱根のほうが近くていいと思いますよ。

A 형편이 괜찮으시면, 같이 여행가지 않을래요?

B 어디로요? 하코네라면 꼭 가고 싶은데요.

A 교토에 갈 생각이었는데, 혹시 멀다면 하코네로 할까요?

B 네. 하코네로 가는 게 가깝고 좋을 것 같아요.

都合(つごう) 사정. 형편　良(よ)い 좋다　遠(とお)い 멀다　近(ちか)い 가깝다 | ヒーター 히터

STEP 2 이것만은 꼭 알아두세요.

▷ 형용사 ~かったら ~한(했)다면

~かったら는 형용사에 たら가 접속된 형태로 형용사의 과거형인 ~かった에 ら가 접속되었다고 생각하면 됩니다.

기본형	과거형	조건형	의 미
早(はや)い	早かった	早かったら	빠르다면
遅(おそ)い	遅かった	遅かったら	늦는다면

~たら는 과거·완료를 나타내는 た의 가정, 조건형으로 「만일 ~한다면」과 같이 말하는 사람의 주관적인 가정이 강합니다. 그러므로 뒤에는 권유나 허가, 명령, 의지 등 말하는 사람의 뜻을 나타내는 말이 주로 옵니다. 또한 たら는 앞 문장에서 동작의 완료를 조건으로 할 때도 쓰입니다.

よかったら いっしょに 行きませんか。

괜찮다면 함께 가지 않겠습니까?

部屋が 暑かったら 窓を 開けてください。

방이 더우면 창문을 여세요.

STEP 3 패턴 문형 연습

보기처럼 주어진 말을 우리말 뜻에 맞게 문장을 완성해 보세요.

---| 보기 |---

寒い / ヒーターをつけてもいい   춥다 / 히터를 켜도 된다

➡ 寒かったらヒーターをつけてもいいです。 추우면 히터를 켜도 됩니다.

---

① 遠い / 車で来てもいい   ➡ _____ 。

멀면 차로 와도 됩니다.

② 都合が悪い / 来なくていい   ➡ _____ 。

사정이 안 좋으면 오지 않아도 됩니다.

Unit 03

学습일

5단동사의 조건형

電車に乗ったら間に合いますから。

전철을 타면 시간에 맞으니까요.

STEP 1 여러 번 듣고 소리내어 반복해서 읽어보세요.

A この頃、ずいぶん日が短くなりましたね。

B そうですね。午後 6時になったら暗くなりますよ。

A 時間がないですね。急ぎましょう。

B 大丈夫です。電車に乗ったら間に合いますから。

A 요즘 꽤 해가 짧아졌네요.
B 그러네요. 오후 6시가 되면 어두워져요.
A 시간이 없군요. 서두릅시다.
B 괜찮습니다. 전철 타면 시간이 괜찮으니까요.

ずいぶん 몹시, 상당히　**暗(くら)い** 어둡다　**急(いそ)ぐ** 서두르다　**間(ま)に合(あ)う** (시간에) 대다 | **手伝(てつだ)う** 거들다　**全部(ぜんぶ)** 전부　**タクシー** 택시

90

이것만은 꼭 알아두세요.

▷ 5단동사 **~たら** ~한(했)다면

~たら는 과거·완료를 나타내는 た의 가정, 조건형으로 「만일 ~한다면」과 같이 말하는 사람의 주관적인 가정이 강합니다. 따라서 뒤에는 권유나 허가, 명령, 의지 등 말하는 사람의 뜻을 나타내는 말이 주로 옵니다. 5단동사 중에 어미가 く·ぐ인 경우는 イ음편으로 ~いた(だ)ら의 형태가 되며, 어미가 つ·る·う인 경우는 촉음편으로 ~ったら의 형태를 취합니다.

기본형	て형	과거형	열거형	조건형
書(か)く	書いて	書いた	書いたり	書いたら
急(いそ)ぐ	急いで	急いだ	急いだり	急いだら
待(ま)つ	待って	待った	待ったり	待ったら
乗(の)る	乗って	乗った	乗ったり	乗ったら
言(い)う	言って	言った	言ったり	言ったら

STEP 3 패턴 문형 연습

보기처럼 주어진 말을 우리말 뜻에 맞게 문장을 완성해 보세요.

─── | 보기 |

時間(じかん)がある / 手伝(てつだ)ってください　　시간이 있다 / 거들어 주세요

➡ 時間があったら手伝ってください。　　시간이 있으면 거들어 주세요.

① 全部(ぜんぶ)書(か)く / 出(だ)してください　　➡ _____ 。
전부 쓰면 제출하세요.

② タクシーに乗(の)る / 間(ま)に合(あ)うでしょう　　➡ _____ 。
택시를 타면 시간에 맞을 거예요.

5단동사의 조건형

あと1ページ読んだら帰ります。

앞으로 1 페이지 읽으면 가려고요.

STEP 1 여러 번 듣고 소리내어 반복해서 읽어보세요.

A 木村さん、まだ帰りませんか。

B はい、あと1ページ読んだら帰ります。

A 終わったらいっしょに帰りましょう。

B ありがとうございます。

A 기무라 씨, 아직 집에 안 가세요?

B 네, 1페이지만 더 읽고 가려고요.

A 끝나면 같이 가요.

B 감사합니다.

ページ 페이지, 쪽 **終(お)わる** 끝나다 | **名前(なまえ)** 이름 **呼(よ)ぶ** 부르다 **治(なお)る** (병이) 낫다

STEP 2 이것만은 꼭 알아두세요.

▷ **5단동사 ~たら** ~한(했)다면

5단동사 중에 어미가 む·ぶ·ぬ인 경우는 하네루 음편으로 ~んだら의 형태가
되며, す인 경우는 음편이 없습니다.

기본형	て형	과거형	열거형	조건형
飲(の)む	飲んで	飲んだ	飲んだり	飲んだら
呼(よ)ぶ	呼んで	呼んだ	呼んだり	呼んだら
死(し)ぬ	死んで	死んだ	死んだり	死んだら
話(はな)す	話して	話した	話したり	話したら

この薬を飲んだら、すぐ治るでしょう。

이 약을 먹으면 금방 나을 겁니다.

名前を呼んだら「はい」と答えます。

이름을 부르면 「네」 하고 대답합니다.

もしあなたが死んだらわたしも死にます。

만약 당신이 죽으면 나도 죽겠습니다.

STEP 3 패턴 문형 연습

보기처럼 주어진 말을 우리말 뜻에 맞게 문장을 완성해 보세요.

| 보기 |

この薬を飲む / きっと治るでしょう　　　이 약을 먹다 / 꼭 나을 거예요

➜ この薬を飲んだらきっと治るでしょう。　　이 약을 먹으면 꼭 나을 거예요.

① 雨が止む / 行きます　　　➜ _____ 。

비가 그치면 갈게요.

② 彼女に話す / 分かるでしょう　➜ _____ 。

그녀에게 말하면 알 거예요.

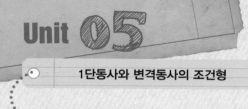

1단동사와 변격동사의 조건형

たくさん食べたら、太りました。

많이 먹었더니 살쪄졌습니다.

임에 착착!

STEP 1 여러 번 듣고 소리내어 반복해서 읽어보세요.

A ご飯をたくさん食べたら、体が太りました。

B そうですか。でも、ちょうどいいですよ。

A どうしたらやせるのでしょうか。

B 運動したらやせると思いますよ。

A 밥을 많이 먹었더니 살쪘습니다.
B 그렇습니까? 하지만, 딱 좋은데요.
A 어떻게 하면 살을 빠질까요?
B 운동하면 살이 빠질 거예요.

ちょうど 마침, 적당히 **やせる** 야위다 **運動(うんどう)** 운동 | **肉(にく)** 고기 **体(からだ)** 몸
太(ふと)る 살찌다 **宿題(しゅくだい)** 숙제 **終(お)える** 마치다 **赤(あか)ちゃん** 아기

STEP 2   이것만은 꼭 알아두세요.

▷ **1단동사 ~たら**   ~한(했)다면

~たら가 상1단·하1단동사, 변격동사에 접속할 때도 마찬가지로 과거형과 동일합니다. 또한, ~たら는 앞에서 언급한 용법 이외에 어떤 행동을 했더니 그와 반대되는 일이 일어났을 때, 또는 예상하지 못했던 사항이 이미 일어났을 때도 씁니다. 이때는 「~했더니」의 뜻이 됩니다.

기본형	て형	과거형	열거형	조건형
見(み)る	見て	見た	見たり	見たら
寝(ね)る	寝て	寝た	寝たり	寝たら

▷ **변격동사 ~たら**   ~한(했)다면

변격동사 くる와 する에 たら가 접속할 때는 과거형과 동일합니다.

기본형	て형	과거형	열거형	조건형
来(く)る	きて	きた	きたり	きたら
する	して	した	したり	したら

STEP 3   패턴 문형 연습

보기처럼 주어진 말을 우리말 뜻에 맞게 문장을 완성해 보세요.

───── | 보기 |

> 肉を食べる / 体が太りました   고기를 먹다 / 살이 찌다
>
> ➔ 肉を食べたら体が太りました。   고기를 먹으면 살이 쪘습니다

① 宿題を終える / 行きます   ➔ _____。
   숙제를 마치면 가겠습니다.

② 赤ちゃんが寝る / 行きます   ➔ _____。
   아이가 자면 가겠습니다.

95

권유 · 제안의 표현

時間があったらいいのに。

시간이 있으면 좋을 텐데.

| STEP 1 | 여러 번 듣고 소리내어 반복해서 읽어보세요. |

A　このあいだのパーティー、楽（たの）しかったですよ。

B　わたしも行（い）ったらよかったのに。

A　あしたもパーティーがあるから、行（い）ってみたらどうですか。

B　ほんとうですか。でも、約束（やくそく）があります。

　　時間（じかん）があったらいいのに。

A　요전에 파티, 즐거웠어요.
B　나도 갔으면 좋았을 텐데.
A　내일도 파티 있으니까, 가보면 어때요?
B　정말입니까? 그런데, 약속이 있습니다. 시간이 있으면 좋을 텐데.

間（あいだ）동안. 사이　パーティー 파티　楽（たの）しい 즐겁다 ｜ 別（べつ）の 다른　方法（ほうほう）방법　実験（じっけん）실험

96

이것만은 꼭 알아두세요.

▷ **~たらいい** ~하면(했으면) 좋겠다

조건형에 접속하는 조사 たら 뒤에 형용사 いい(좋다)가 이어지면 「~하면(했으면) 좋겠다」라는 뜻으로 상대방에게 뭔가를 권하거나, 제안할 때 쓰이는 표현입니다. 또한 상대에게 무언가를 바랄 때도 쓰이고, のに가 이어지면 아쉬움을 나타냅니다.

> うちへ 帰って ゆっくり 休んだら いいですね。
>
> 집에 가서 푹 쉬면 좋겠군요.
>
> 体が もっと 丈夫だったら いいのに。
>
> 몸이 더 튼튼하면 좋을 텐데.

▷ **동사 ~たらどうか** ~하면(했으면) 어떨까

~たら どうか는 제안이나 권유를 나타낼 때 쓰이는 표현으로 우리말의 「~하면 어떨까」에 해당합니다.

> 別の 方法で 実験してみたら どうでしょうか。
>
> 다른 방법으로 실험해보면 어떨까요?

패턴 문형 연습

보기처럼 주어진 말을 우리말 뜻에 맞게 문장을 완성해 보세요.

─────────────────────────────────── | 보기 |

彼に 言ってみる   그에게 말해보다

➡ 彼に 言ってみたらどうですか。   그에게 말해 보면 어떨까요?

① この料理を食べる   ➡ _____ 。

    이 요리를 먹으면 어떨까요?

② 今日はゆっくり休む   ➡ _____ 。

    오늘은 푹 쉬면 어떨까요?

인사표현 ⑪ 식사를 할 때

요리가 나오고 식사를 하기 전에는 음식을 만든 사람에게 감사의 뜻으로 **いただきます**라고 하며, 식사하기를 권유할 때는 영어의 **please**와 비슷한 **どうぞ**라는 표현을 씁니다. 식사를 다 마쳤을 때는 **ごちそうさまでした**라고 하며, 줄여서 **ごちそうさま**라고도 합니다.

いただきます。　　　　　　잘 먹겠습니다.

どうぞ。　　　　　　　　　자, 드세요.

ごちそうさまでした。　　　잘 먹었습니다.

おそまつさまでした。　　　변변치 못했습니다.

Part

7

가정표현 ば형
익히기

단정의 가정형

特急なら20分で行けますよ。

특급이라면 20분이면 갈 수 있어요.

입에 착착!

| STEP 1 | 여러 번 듣고 소리내어 반복해서 읽어보세요. |

A　あの、ちょっと横浜まで行って来たいんですが。

B　ああ、そうですか。横浜なら電車で行くほうが
　　速いですよ。

A　そうですか。何分ぐらいかかりますか。

B　特急なら 20分で行けますよ。

A　저기, 잠깐 요코하마까지 다녀오고 싶은데요.
B　아, 그렇습니까? 요코하마라면 전철로 가는 게 빨라요.
A　그렇습니까? 몇 분 정도 걸립니까?
B　특급이라면 20분이면 갈 수 있어요.

速(はや)い (속도가) 빠르다　**特急(とっきゅう)** 특급 | **天気(てんき)** 날씨　**ハイキング** 하이킹　**家賃(やちん)** 집세

STEP 2 이것만은 꼭 알아두세요.

▷ **명사 ~なら(ば)** ~이라면

なら는 본래 ならば의 형태로 단정을 나타내는 だ의 가정형입니다. 보통 가정의 뜻을 나타내는 접속조사 ば를 생략하여 쓰며, なら가 가정조건으로 쓰일 때는 「만일 ~이라면」의 뜻이 됩니다. 또한 격식 차린 문어체에서는 である의 가정형인 であれば를 쓰기도 합니다. 참고로 앞서 배운 だったら와 바꿔 쓰는 것도 가능합니다.

기본형	의미	가정형	의미
学生(がくせい)だ	학생이다	学生なら	학생이라면
作家(さっか)だ	작가이다	作家なら	작가라면
選手(せんしゅ)だ	선수이다	選手なら	선수라면

日曜日(にちようび)、いい お天気(てんき)なら ハイキングに 行(い)きましょう。

일요일에 날씨가 좋으면 하이킹을 갑시다.

東京(とうきょう)なら こんなに 安(やす)い 家賃(やちん)で 家(いえ)は 借(か)りられません。

도쿄라면 이렇게 싼 집세로 집은 빌릴 수 없습니다.

STEP 3 패턴 문형 연습

보기처럼 주어진 말을 우리말 뜻에 맞게 문장을 완성해 보세요.

──────── | 보기 |

ジュースだ / 飲(の)むみたい　　　　주스다 / 마시고 싶다

➡ ジュースなら飲みたいです。　　주스라면 마시고 싶습니다.

① 学生(がくせい)だ / 会(あ)ってみたい　　➡ ＿＿＿＿＿＿＿＿＿＿＿＿＿＿＿。

학생이라면 만나고 싶습니다.

② 日本語(にほんご)だ / 少(すこ)しできる　　➡ ＿＿＿＿＿＿＿＿＿＿＿＿＿＿＿。

일본어라면 조금 할 줄 압니다.

학습일

静かならば勉強できるんですが。

조용하다면 공부할 수 있는데요.

입에 착착!

STEP 1 여러 번 듣고 소리내어 반복해서 읽어보세요.

A この周_{まわ}りはいつもこんなにうるさいんですか。

B ええ、もう少_{すこ}し静_{しず}かならば落_おち着_ついて勉強_{べんきょう}できるんですが。

A 引_ひっ越_こししたほうがいいんじゃないですか。

B でも、お金_{かね}がかかりますから。

A 이 주변은 언제나 이렇게 시끄럽습니까?

B 네, 좀 더 조용하다면 차분하게 공부할 수 있는데.

A 이사하는 게 좋지 않아요?

B 하지만, 돈이 드니까요.

こんなに 이렇게 **うるさい** 시끄럽다 **落(お)ち着(つ)く** 가라앉다, 차분해지다 **引(ひ)っ越(こ)し** 이사 **かかる** (돈이) 들다, (시간이) 걸리다

STEP 2 이것만은 꼭 알아두세요.

▷ **형용동사 ~なら(ば)** ~하면

형용동사의 가정형도 단정을 나타내는 だ의 가정형과 마찬가지로 어미 だ가 なら로 바뀌어 가정의 뜻을 나타내는 접속조사 ば가 접속한 ならば의 형태입니다. 그러나 ば를 생략하고 なら만으로 쓰이는 경우가 많으며, 우리말의 「만일 ~ 한다면」의 뜻으로 해석됩니다. 또한 격식 차린 문어체에서는 である의 가정형인 であれば를 쓰기도 합니다. 참고로 앞서 배운 だったら와 바꿔 쓰는 것도 가능합니다.

> **そんなに 有名なら(ば) 一度 行ってみたいですね。**
> 그렇게 유명하면 한번 가보고 싶군요.
>
> **これが 必要なら(ば) 持って 行っても いいですよ。**
> 이것이 필요하면 가지고 가도 괜찮아요.
>
> **まわりが 静かなら(ば) 家賃は 少し 高くても いいです。**
> 주위가 조용하면 집세는 조금 비싸도 됩니다.

STEP 3 패턴 문형 연습

보기처럼 주어진 말을 우리말 뜻에 맞게 문장을 완성해 보세요.

| 보기 |

> **そんなに有名だ / 会ってみたい**   그렇게 유명하다 / 만나고 싶다
>
> ➡ **そんなに有名なら会ってみたいです。**   그렇게 유명하다면 만나고 싶습니다.

① **静かだ / 駅から遠くてもいい**   ➡ _____ 。
조용하면 역에서 멀어도 됩니다.

② **交通が便利だ / 家賃が高くなる** ➡ _____ 。
교통이 편하다면 집세가 비싸집니다.

학습일

형용사의 가정형

天気がよければ公園に行きましょう。

날씨가 좋으면 공원에 갑시다.

입에 착착!

STEP 1 여러 번 듣고 소리내어 반복해서 읽어보세요.

A 今度の日曜日、天気がよければ公園に行きましょう。

B いいですね。すこしぐらい天気が悪くても行きましょうよ。

A はい。何時ごろがいいですか。

B 教会に行ってきて、早ければ 2時ごろですね。

A 이번 일요일에 날씨가 좋으면 공원에 갑시다.

B 좋지요. 날씨가 조금 안 좋아도 갑시다.

A 네, 몇 시쯤이 좋습니까?

B 교회에 다녀와서 빠르면 2시쯤이겠군요.

公園(こうえん) 공원 **教会**(きょうかい) 교회 ┃ **祖母**(そぼ) 할머니 **近所**(きんじょ) 근처
試合(しあい) 시합 **健康**(けんこう) 건강 **品物**(しなもの) 물건 **値段**(ねだん) 값

STEP 2 이것만은 꼭 알아두세요.

▷ **형용사 ~ければ** ~하면

형용사에 가정을 나타내는 접속조사 ば가 이어질 때는 어미 い가 けれ로 바뀌어 접속조사 ば가 이어집니다. 단,「좋다」라는 뜻을 가진 일본어 형용사는 よい와 いい 두 가지 형태가 있는데, 가정형으로 쓰일 때는 반드시 よければ라고 해야 하며, いい로 활용하여 いければ라고 하면 안 됩니다.

기본형	의 미	열거형	의 미
早(はや)い	빠르다	早ければ	빠르면
遅(おそ)い	늦다	遅ければ	늦으면

祖母は 天気が 良ければ 毎朝 近所を 散歩する。

할머니는 날씨가 좋으면 매일 아침 근처를 산책한다.

もし 天気が 悪ければ、試合は 中止になるかもしれない。

만약 날씨가 나쁘면 시합은 중지될지도 모른다.

健康が 良くなければ 何も できない。

건강이 좋지 않으면 아무 것도 할 수 없다.

STEP 3 패턴 문형 연습

보기처럼 주어진 말을 우리말 뜻에 맞게 문장을 완성해 보세요.

| 보기 |

駅から遠い / 家賃は安くなる　　　　　역에서 멀다 / 집세는 싸진다

➔ 駅から遠ければ家賃は安くなります。　역에서 멀면 집세는 싸집니다.

① お金がない / 旅行ができない　　➔ _____ 。

돈이 없으면 여행을 할 수 없습니다.

② 品物がよい / 値段は高くなる　　➔ _____ 。

물건이 좋으면 가격은 비싸집니다.

5단동사의 가정형

電車に乗って行けばすぐですよ。

전철을 타고 가면 금방이에요.

STEP 1 여러 번 듣고 소리내어 반복해서 읽어보세요.

A あの、千葉までどうやって行けば速いんですか。

B 千葉ですか。ここで電車に乗って行けばすぐですよ。

A 切符は買わなければなりませんか。

B パスモがあれば買わなくてもいいですよ。

A 저기, 치바까지 어떻게 가는 게 빠릅니까?
B 치바 말씀이세요? 여기서 전철을 타고 가면 금방입니다.
A 표는 사야 합니까?
B 파스모가 있으면 사지 않아도 됩니다.

どうやって 어떻게 すぐ 곧, 금방 買(か)う 사다 パスモ 버스, 전철 등의 교통카드 | 年(とし)を取(と)る 나이를 먹다 たくさん 많이 急(いそ)ぐ 서두르다

STEP 2 이것만은 꼭 알아두세요.

▷ 5단동사 **~ば** ~하면

ば는 앞에 어떤 조건이 오면 뒤에 당연한 결과가 올 때에 흔히 쓰며, 이때의 당연한 결과란 반복적인 일이나 자연 현상 등 일반적인 사실일 때가 많습니다. 따라서 이론적이고 객관적인 느낌이 들며 속담 등에 많이 쓰입니다. 5단동사의 경우 어미가 く·ぐ·つ·る·う인 경우의 가정형은 え단인 け·げ·て·れ·え로 바뀌어 ば가 접속됩니다.

기본형	의 미	가능형	의 미
行(い)く	가다	行けば	가면
急(いそ)ぐ	서두르다	急げば	서두르면
待(ま)つ	기다리다	待てば	기다리면
乗(の)る	타다	乗れば	타면
買(か)う	사다	買えば	사면

年を 取れば 体が 弱く なる。

나이를 먹으면 몸이 약해진다.

STEP 3 패턴 문형 연습

보기처럼 주어진 말을 우리말 뜻에 맞게 문장을 완성해 보세요.

───────────────────────── | 보기 |

タクシーで行く / すぐだ   택시로 가다 / 금방이다

➡ タクシーで行けばすぐです。   택시로 가면 금방입니다.

─────────────────────────

① お金がある / たくさん買える   ➡ _____ 。
돈이 있으면 많이 살 수 있습니다.

② 急ぐ / 間に合える   ➡ _____ 。
서두르면 댈 수 있습니다.

5단동사의 가정형

ぐっすり休めば疲れがとれるでしょう。

푹 쉬면 피곤이 풀리겠죠.

STEP 1 여러 번 듣고 소리내어 반복해서 읽어보세요.

A 最近、なかなか疲れがとれないんですが。

B あ、そうですか。ぐっすり休めば疲れがとれる
でしょう。

A きのうもお酒を飲んでぐっすり休んだのに。

B お酒を飲めばダメでしょう。

A 요즘, 좀처럼 피곤이 안 풀리네요.
B 아, 그래요? 푹 쉬면 피곤이 풀리겠죠.
A 어제도 술을 마시고 푹 쉬었는데.
B 술을 마시면 안 되죠.

なかなか 좀처럼 **ぐっすり** 푹 **だめだ** 안 된다 **酒(さけ)** 술 ┃ **足(た)す** 더하다 **疲(つか)
れる** 피곤하다

STEP 2   이것만은 꼭 알아두세요.

▷ **5단동사 ~ば**   ～하면

5단동사의 경우 어미가 む·ぶ·ぬ·す인 경우의 가정형은 え단인 め·べ·ね·せ
로 바뀌어 ば가 접속됩니다.

기본형	의 미	가정형	의 미
飲(の)む	마시다	飲めば	마시면
飛(と)ぶ	날다	飛べば	날면
死(し)ぬ	죽다	死ねば	죽으면
話(はな)す	이야기하다	話せば	이야기하면

酒を 飲めば 酔ってしまう。

술을 마시면 취해 버린다.

1に 2を 足せば 3になります。

1에 2를 더하면 3이 됩니다.

人は 死ねば 何も わからなくなる。

사람은 죽으면 아무 것도 모르게 된다.

STEP 3   패턴 문형 연습

보기처럼 주어진 말을 우리말 뜻에 맞게 문장을 완성해 보세요.

| 보기 |
> 薬を飲む / 治るでしょう   약을 먹다 / 나을 거예요
>
> ➜ 薬を飲めば治るでしょう。   약을 먹으면 나을 거예요.

① 休む / 疲れがとれるでしょう   ➜ _____ 。

쉬면 피곤일 풀릴 거예요

② ここで呼ぶ / 来るでしょう   ➜ _____ 。

여기서 부르면 올 거예요

Unit 06

학습일

1단동사와 변격동사의 가정형

入院すればよくなるでしょうか。

입원하면 좋아질까요?

입에
착착!

STEP 1 여러 번 듣고 소리내어 반복해서 읽어보세요.

A どのぐらい入院<ruby>入院<rt>にゅういん</rt></ruby>すればよくなるでしょうか。

B 4 <ruby>週間<rt>しゅうかん</rt></ruby>ぐらいですね。

A 1か月<ruby>過<rt>す</rt></ruby>ぎればもう<ruby>大丈夫<rt>だいじょうぶ</rt></ruby>ですね。

B たぶんそうです。

A 어느 정도 입원하면 좋아질까요?
B 4주 정도입니다.
A 한 달 지나면 이제 괜찮겠죠?
B 아마 그럴 겁니다.

入院(にゅういん)する 입원하다 過(す)ぎる 지나다 たぶん 아마 | 春(はる) 봄
花(はな) 꽃 手術(しゅじゅつ) 수술 助(たす)かる 살아나다 成績(せいせき) 성적

110

STEP 2 이것만은 꼭 알아두세요.

▷ **1단동사 ~ば** ~하면

상1단·하1단동사의 가정형은 어미 る단이 れ로 바뀌어 가정의 조사 ば가 접속합니다.

기본형	의 미	가정형	의 미
見(み)る	보다	見れば	보면
寝(ね)る	자다	寝れば	자면

▷ **변격동사 ~ば** ~하면

변격동사 くる와 する는 각각 くれば, すれば가 됩니다.

기본형	의 미	가정형	의 미
来(く)る	오다	くれば	오면
する	하다	すれば	하면

春が **来れば** 花が 咲く。 봄이 오면 꽃이 핀다.

手術を **すれば** 助かるでしょう。 수술을 하면 살아날 겁니다.

STEP 3 패턴 문형 연습

보기처럼 주어진 말을 우리말 뜻에 맞게 문장을 완성해 보세요.

───────────────────────────── | 보기 |

本を見る / わかる 　　　　책을 보다 / 알 수 있다

➔ 本を見ればわかるでしょう。　책을 보면 알 수 있을 겁니다.

─────────────────────────────────────

① ぐっすり寝る / よくなる　　➔ _____ 。

　　　　　　　　　　　　　　푹 자면 좋아질 겁니다.

② 勉強する / 成績は上がる　➔ _____ 。

　　　　　　　　　　　　　　공부하면 성적이 오를 겁니다.

인사표현 ⑫ 축하와 환영을 할 때

친근한 사이라면 **おめでとう**라고 해도 무방하지만, 정중하게 말할 때는 **ございます**를 덧붙여 **おめでとうございます**라고 해야 하며, 이에 대한 응답으로는 **ありがとう**나 **おかげさまで**로 하면 됩니다. 또한 방문자를 환영할 때는 **よくいらっしゃいました**나 **おいでくださいました**를 생략하여 **ようこそ**만으로도 쓰입니다.

おめでとう。	축하해요.
おめでとうございます。	축하드립니다.
いらっしゃい。	어서 오세요.
ようこそ。	잘 오셨습니다.

112

Part

8

조건 / 당연표현
익히기

早く治りたいなら今帰りなさいよ。

빨리 낫고 싶으면 지금 (집에) 가세요.

임에
착착!

STEP 1 여러 번 듣고 소리내어 반복해서 읽어보세요.

A 頭（あたま）がずきずき痛（いた）むんです。

B そんなに痛（いた）いなら早（はや）く帰（かえ）ったほうがいいですよ。

A でも、まだやることが山（やま）ほど残（のこ）っていますよ。

B 早（はや）く治（なお）りたいなら今帰（いまかえ）りなさいよ。

A 머리가 욱신욱신 아픕니다.
B 그렇게 아프면 빨리 집에 가는 게 좋아요.
A 하지만, 아직 할 일이 산더미처럼 남아 있어요.
B 빨리 낫고 싶으면 지금 집에 가세요.

頭（あたま）머리　**ずきずき** 쑥쑥. 욱신거리는 모양　**痛**（いた）**む** 아프다. 상하다
痛（いた）**い** 아프다　**残**（のこ）**る** 남다 ｜ **意見**（いけん）의견　**気分**（きぶん）기분

STEP 2 이것만은 꼭 알아두세요.

▷ **~なら** ~이라(하)면

なら는 명사, 형용동사뿐만 아니라 동사, 형용사 등에도 접속하면 가정·조건의 뜻을 나타냅니다. 또한 활용어의 부정형, 과거형에도 접속하여 쓰이며, ~のなら의 형태로 の를 삽입하여 쓰이기도 합니다.

一部を 除く**なら**、彼の 意見は 正しいと 思う。
일부를 제외하면, 그의 의견은 올바르다고 생각한다.

やりたくない(の)**なら**、やらなくても いいよ。
하고 싶지 않으면 하지 않아도 돼.

ビール**なら** 僕も 飲みたいですね。
맥주라면 나도 마시고 싶어요.

気分が 悪い**なら** 少し 休んでください。
몸이 안 좋으면 좀 쉬세요.

STEP 3 패턴 문형 연습

보기처럼 주어진 말을 우리말 뜻에 맞게 문장을 완성해 보세요.

| 보기 |

あなたが行く / わたしも行く   당신이 간다 / 나도 간다

➔ あなたが行くならわたしも行きます。   당신이 간다면 나도 가겠습니다.

① 知らせる / 早いほうがいい ➔ _____ 。
알리려면 빠른 편이 좋습니다.

② 気分が悪い / 休んでもいい ➔ _____ 。
몸이 안 좋으면 쉬어도 됩니다

まっすぐ行くと、どこに出ますか。

쭉 가면 어디가 나옵니까?

입에 착착!

STEP 1 여러 번 듣고 소리내어 반복해서 읽어보세요.

A 今行かないと、時間に遅れますよ。

B はい、早く出発してください。

A この道をまっすぐ行くと、どこに出ますか。

B 国道1号線に出ます。

A 지금 안 가면, 시간이 늦어요.

B 네. 빨리 출발하세요.

A 이 길을 쭉 가면 어디가 나옵니까?

B 국도1호선이 나옵니다.

出発(しゅっぱつ)**する** 출발하다 **道**(みち) 길 **まっすぐ** 곧장. 바로 **国道**(こくどう) 국도

桜(さくら) 벚 **春**(はる) 봄 **暖**(あたた)**かい** 따뜻하다

STEP 2 이것만은 꼭 알아두세요.

▷ **~と** ~하면(하자)

と는 여러 가지 용법으로 쓰이는 조사이지만, と가 활용어에 접속하여 쓰이면 「~하면, ~하자」의 뜻을 나타냅니다. 그 용법을 보면 다음과 같습니다.

① 어떤 조건하에서 다른 사항이 일어나는 경우에 쓰입니다. 이때는 필연적이 거나 습관적으로 이루어지는 경우에 많이 쓰입니다.

> 5月になると、さくらの花が咲きます。
>
> 5월이 되면 벚꽃이 핍니다.

> 今 出発しないと、約束の 時間に 遅れます。
>
> 지금 출발하지 않으면 약속 시간에 늦습니다.

② 앞의 동작이 이루어진 후에 이어서 다른 사항이 일어나는 경우에 씁니다. 이 때는 전후 문장의 결합이 강하여 동시성을 지닐 때가 많습니다.

> 電車が 止まると、人々が 降り始めた。
>
> 전철이 멈추자 사람들이 내리기 시작했다.

STEP 3 패턴 문형 연습

보기처럼 주어진 말을 우리말 뜻에 맞게 문장을 완성해 보세요.

| 보기 |

> 春になる / 暖かくなる   봄이 되다 / 따뜻해지다
>
> ➔ 春になると暖かくなります。   봄이 되면 따뜻해집니다.

① 2に3を出す / 5になる   ➔ _____ 。

2에 3을 더하면 5가 됩니다.

② タバコを吸う / 健康に良くない   ➔ _____ 。

담배를 피우면 건강에 좋지 않습니다.

부정의 가정 표현

学生でなければ、わからないですよ。

학생이 아니면 몰라요.

> **STEP 1** 여러 번 듣고 소리내어 반복해서 읽어보세요.

A そんなに勉強しなければ、おこづかいはあげないよ。

B どうしてですか。

A ずっと成績が落ちているじゃない。

B わたしはがんばっているよ。学生でなければ、わからないですよ。

A 그렇게 공부 안 하면, 용돈 안 준다.
B 왜요?
A 계속 성적이 떨어지고 있잖아.
B 저는 열심히 하고 있어요. 학생이 아니면 몰라요.

おこづかい 용돈 **あげる** 주다, 드리다 **成績**(せいせき) 성적 **落**(お)**ちる** 떨어지다 | **入場**(にゅうじょう) 입장 **出発**(しゅっぱつ) 출발 **大人**(おとな) 어른

STEP 2 이것만은 꼭 알아두세요.

▷ **~なければ** ~하지 않으면

활용어에 접속하여 부정어를 만드는 ない는 형용사 ない(없다)와 의미만 다를 뿐 어미의 활용에서는 동일합니다. 따라서 부정어 ない의 가정형도 형용사 활용을 하여 어미 い가 けれ로 바뀌어 가정의 접속조사 ば가 이어진 なければ의 형태를 취합니다.

ここは 学生で**なければ** 入場できない。

여기는 학생이 아니면 입장할 수 없다.

そんなに 高く**なければ** 買う つもりです。

그다지 비싸지 않으면 살 생각입니다.

雨が 降ら**なければ** 出発しましょう。

비가 내리지 않으면 출발합시다.

必要で**なければ** 持って 行かなくても いいです。

필요하지 않으면 가져가지 않아도 됩니다.

STEP 3 패턴 문형 연습

보기처럼 주어진 말을 우리말 뜻에 맞게 문장을 완성해 보세요.

| 보기 |

今行かない / 彼に 会うことができない　　　지금 가지 않는다 / 그를 만날 수 없다

➔ 今行かなければ彼に会うことができません。지금 가지 않으면 그를 만날 수 없습니다.

① 大人でない / 入ることができない　➔ _____ 。

어른이 아니면 들어갈 수 없습니다.

② お金がない / 買うことができない　➔ _____ 。

돈이 없으면 살 수가 없습니다.

119

학습일

주관적인 당연 · 의무의 표현

本当にがんばらなければいけませんね。

정말로 분발하지 않으면 안 되겠네요.

입에
착착!

STEP 1 여러 번 듣고 소리내어 반복해서 읽어보세요.

A　来週_{らいしゅう}から期末試験_{きまつしけん}が始_{はじ}まりますよ。

B　じゃ、これからしっかり勉強_{べんきょう}しなければいけませんね。

A　はい。点数_{てんすう}が上_あがったら奨学金_{しょうがくきん}を渡_{わた}します。

B　そうですか。ほんとうにがんばらなければいけませんね。

A　다음 주부터 기말고사가 시작되어요.
B　그럼, 이제부터 확실히 공부해야겠네요.
A　네. 점수가 오르면 장학금을 주겠습니다.
B　그렇습니까? 정말 열심히 해야겠네요.

来週(らいしゅう) 다음 주　**期末試験**(きまつしけん) 기말시험　**始**(はじ)**まる** 시작되다
しっかり 확실히, 단단히　**点数**(てんすう) 점수　**上**(あ)**がる** 오르다　**奨学金**(しょうがくきん)
장학금 │ **レポート** 리포트　**練習**(れんしゅう) 연습

120

STEP 2 이것만은 꼭 알아두세요.

▷ **~なければいけない** ~하지 않으면 안 된다

활용어의 부정형에 가정의 뜻을 나타내는 접속조사 ば가 이어진 なければ에 금지를 나타내는 いけない가 접속된 ~なければいけない는 우리말의 「~(하)지 않으면 안 된다」는 뜻으로 그렇게 하는 것(그런 것)이 당연하다는 것을 나타냅니다. 즉, 이 표현은 당연히 「~해야 한다」는 것을 나타냅니다. いけない의 정중한 표현은 いけません입니다.

そろそろ 帰ら**なければ いけません**。

슬슬 가지 않으면 안 됩니다.

今日までに レポートを 書か**なければ いけません**。

오늘까지 리포트를 쓰지 않으면 안 됩니다.

品物の 値段が 安く**なければ いけない**。

물건값이 싸지 않으면 안 된다.

歌手は 有名じゃ**なければ いけません**。

가수는 유명하지 않으면 안 됩니다.

STEP 3 패턴 문형 연습

보기처럼 주어진 말을 우리말 뜻에 맞게 문장을 바꿔 보세요.

─────────────────── | 보기 |

そろそろ出発する   슬슬 출발하다

➡ そろそろ出発しなければいけない。   슬슬 출발하지 않으면 안 된다.

① しっかり練習する   ➡ _____ 。
                           확실히 연습하지 않으면 안 된다.

② 手紙を書く   ➡ _____ 。
                           편지를 쓰지 않으면 안 됩니다.

학습일 ☐ ☐

객관적인 당연・의무의 표현

健康に気をつけなければなりませんね。

건강에 주의를 하지 않으면 안 되겠군요.

입에 착착!

STEP 1 여러 번 듣고 소리내어 반복해서 읽어보세요.

A わたしは先月(せんげつ)、病気(びょうき)で会社(かいしゃ)を休(やす)んだことがありますよ。

B そうでしたか。健康(けんこう)に気(き)をつけなければなりませんね。

A はい。ダイエットで栄養不足(えいようぶそく)でした。

B やはり栄養(えいよう)はちゃんと取(と)らなければなりません。

A 저는 지난달에 아파서 회사를 쉰 적이 있어요.
B 그랬어요? 건강에 주의하지 않으면 안 되겠군요.
A 네. 다이어트로 영양 부족이었습니다.
B 역시 영양은 제대로 섭취하지 않으면 안 됩니다.

先月(せんげつ) 지난달　**ダイエット** 다이어트　**栄養不足(えいようぶそく)** 영양부족　**ちゃんと** 제대로 │ **守(まも)る** 지키다　**教師(きょうし)** 교사　**公平(こうへい)** 공평　**国民(こくみん)** 국민　**法律(ほうりつ)** 법률

STEP 2 ▶ 이것만은 꼭 알아두세요.

▷ **~なければならない** ~하지 않으면 안 된다

활용어의 부정형에 가정의 뜻을 나타내는 접속조사 ば가 이어진 なければ에 5단동사 なる(되다)의 부정형 ならない가 접속된 ~なければならない는 우리말의 「~(하)지 않으면 안 된다」는 뜻으로, 당연·의무·필연을 나타냅니다. 앞서 배운 금지어 いけない는 주로 주관적인 의무를 나타내지만, ならない는 반대로 객관적인 의무를 나타냅니다.

<ruby>人<rt>ひと</rt></ruby>は <ruby>約束<rt>やくそく</rt></ruby>を <ruby>守<rt>まも</rt></ruby>ら**なければ ならない**。

사람은 약속을 지키지 않으면 안 된다.

<ruby>教師<rt>きょうし</rt></ruby>は、<ruby>生徒<rt>せいと</rt></ruby>に <ruby>対<rt>たい</rt></ruby>して <ruby>公平<rt>こうへい</rt></ruby>で**なければ ならない**。

교사는 학생에 대해 공평하지 않으면 안 된다.

<ruby>夏<rt>なつ</rt></ruby>は <ruby>暑<rt>あつ</rt></ruby>く**なければ なりません**。

여름은 더워야 합니다.

<ruby>住宅街<rt>じゅうたくがい</rt></ruby>は <ruby>静<rt>しず</rt></ruby>かで**なければ なりません**。

주택가는 조용하지 않으면 안 됩니다.

STEP 3 ▶ 패턴 문형 연습

보기처럼 주어진 말을 우리말 뜻에 맞게 문장을 바꿔 보세요.

─────────────────────────────── | 보기 |
<ruby>国民<rt>こくみん</rt></ruby>は <ruby>法律<rt>ほうりつ</rt></ruby>を <ruby>守<rt>まも</rt></ruby>る   국민은 법률을 지키다

➡ <ruby>国民<rt>こくみん</rt></ruby>は <ruby>法律<rt>ほうりつ</rt></ruby>を <ruby>守<rt>まも</rt></ruby>らなければならない。   국민은 법률을 지키지 않으면 안 된다.

① <ruby>商店街<rt>しょうてんがい</rt></ruby>は <ruby>交通<rt>こうつう</rt></ruby>が <ruby>便利<rt>べんり</rt></ruby>だ   ➡ _____ 。

상가는 교통이 편하지 않으면 안 된다.

② <ruby>人<rt>ひと</rt></ruby>は <ruby>健康<rt>けんこう</rt></ruby>に <ruby>気<rt>き</rt></ruby>をつける   ➡ _____ 。

사람은 건강에 주의하지 않으면 안 됩니다

123

학습일

동작・작용의 목적 표현

日本語ができるにはしかたありません。

일본어를 하려면 어쩔 수 없습니다.

STEP 1 여러 번 듣고 소리내어 반복해서 읽어보세요.

A　日本語を勉強するにはどうすればいいんですか。

B　最初は文字から覚えなければなりません。

A　でも、文字を覚えるには大変ですが。

B　日本語ができるにはしかたありません。

A　일본어 공부를 하려면 어떻게 하면 됩니까?

B　처음에는 문자부터 외워야 합니다.

A　하지만, 문자를 외우려면 힘들던데요.

B　일본어를 하려면 어쩔 수 없습니다.

最初(さいしょ) 최초, 처음　**文字**(もじ) 문자, 글　**大変**(たいへん)**だ** 힘들다, 큰일이다　**仕方**(しかた) 방법 │ **外国**(がいこく) 외국　**所**(ところ) 곳, 장소

STEP 2 이것만은 꼭 알아두세요.

▷ **동사 ~には** ~하려면

には는 여러 가지 용법으로 쓰이는데, 체언에 접속하지 않고 동사의 기본형에
직접 には가 접속하면 「~하기에는, ~하려면」의 뜻으로 동작, 작용의 목적을 나
타냅니다.

> ここは 駅から 遠くて 住む**には** 不便な ところです。
>
> 여기는 역에서 멀어서 살기에는 불편한 곳입니다.
>
> 外国へ 行く**には** どうしたら いいんでしょうか。
>
> 외국에 가려면 어떻게 하면 좋을까요?

▷ **どう ~ばいいですか** 어떻게 ~하면 될까요?

どう는 부사어로 우리말의 「어떻게」에 해당하며, 뒤에 ~ばいいですか가 접속
하면 상대에게 어떻게 하면 좋을지 대한 질문하는 표현이 됩니다.

> この 漢字は **どう** 読め**ば** いいんですか。
>
> 이 한자는 어떻게 읽으면 좋습니까?

STEP 3 패턴 문형 연습

보기처럼 주어진 말을 우리말 뜻에 맞게 문장을 바꿔 보세요.

───── | 보기 |

> デパートへ 行く　　　　　　　　　　　백화점에 가다
>
> ➡ デパートへ 行くにはどうすればいいでしょうか。 백화점에 가려면 어떻게 하면 될까요?

① 電車に 乗る　　　➡ _____ 。
　　　　　　　　　　　전철을 타려면 어떻게 하면 될까요?

② 日本語が 上手になる　➡ _____ 。
　　　　　　　　　　　일본어를 잘하려면 어떻게 하면 될까요?

いや

부정으로 쓰는 표현에 **いや**가 있는데, 이 **いや**는 사용법이나 발음의 방식에서 여러 가지 의미가 있습니다. **いや**의 사용법은 적어도 세 가지 있습니다.

예를 들면, 자동차를 쓰고 싶다고 할 때 **いや**라고 쌀쌀맞게 대답하면 거절의 **No**를 의미합니다. 또, 신인화가가 자신의 그림을 칭찬받는데 **や**를 길게 늘여서 **いやー**라고 하면 겸손해하고 있는 것에 지나지 않습니다.

아가씨가 쓰는 **いや**는 조금 사람을 당황하게 합니다. 예를 들면, 아가씨는 구혼자로부터의 요구에 대해 **いや**라고 말하면, 요구받고 있는 것에 대한 혐오를 나타내거나, 그저 **No**의 의미를 나타내거나 합니다. 하지만 그녀가 싫다고 말해도 실망할 필요는 없습니다. 부끄러운 듯이 하고 있는 것이라면, 그녀의 **いや**는 속으로는 그렇지 않다는 것을 의미하고 있는 것이니까요.

どちらへ

그 나라의 문화나 관습에 따라 말의 표현도 달라질 수밖에 없습니다. 우리는 일본과 비슷한 문화권이므로 많은 표현에서 차이를 못 느끼지만, 다른 문화권의 외국인은 문화나 관습의 차이로 언어의 표현에 당황하는 일이 자주 있을 것입니다.

예를 들면, 길거리라든가 전차 안에서 두 사람의 일본인을 만났다고 합시다. 그들은 아무래도 친구사이나 이웃사이와 같은데 인사 대신에 다음과 같은 말을 나누고 있습니다.

> **あ、田中さん、どちらへ。** (아, 다나카 씨, 어디에?)
> **いや、ちょっとそこまで。** (아니, 잠깐 저기까지.)

이 표현은 남의 일에 대해 마치 꼬치꼬치 캐묻는 것처럼 느껴질지 모르지만, 실제로는 그 사람이 어디에 가는 것은 묻는 게 아니라 인사치레로 하는 말이므로 구체적으로 대답할 필요는 없습니다.

Part 9

추측 / 권유 / 의지표현
익히기

추측의 표현

それは、寒_{さむ}かっただろうね。

그게, 추웠겠는데.

STEP 1 여러 번 듣고 소리내어 반복해서 읽어보세요.

A 朝_{あさ}はずっと雪_{ゆき}の中_{なか}で鳥_{とり}の観察_{かんさつ}をしていたんです。

B それは、寒_{さむ}かっただろうね。

A はい、その日_ひはマイナス 20度_どもありましたよ。

B そんなに。あの辛_{つら}さは君_{きみ}じゃないとわからない

だろうと思_{おも}う。

A 아침에는 계속 눈 속에서 새 관찰을 하고 있었습니다.
B 그거, 추웠겠는데.
A 네, 그날은 마이너스 20도까지 내려갔습니다.
B 그렇게나. 그 괴로움은 네가 아니면 모를 거라 생각해.

鳥(とり) 새   観察(かんさつ) 관찰   マイナス 마이너스   辛(つら)い 괴롭다

STEP 2 이것만은 꼭 알아두세요.

▷ **~だろう** ~일(할) 것이다

だろう는 본래 단정을 나타내는 だ의 추측형이지만, 활용어에 접속하여 말하는 사람이 어떤 것을 여러 가지 상황으로 보아서 사실로 인정할 수 있으리라고 추측할 때 쓰며, 우리말의 「~(일)할 것이다」에 해당합니다. 정중한 표현은 です의 추측형인 でしょう입니다.

> 北海道は 今 寒いだろう。
> 홋카이도는 지금 추울 것이다.

> 木村さんの マンションは 住宅街だから 静かでしょう。
> 기무라 씨 맨션은 주택가라서 조용할 것입니다.

▷ **~だろうと思う** ~일(할) 거라고 생각하다

思(おも)う는 본래 「생각하다」라는 뜻의 동사이지만, ~と思う의 형태로 だろう에 접속되어 쓰일 때는 추측의 단정을 완곡하게 표현하게 됩니다.

> あの ことは 田中さんも 知らないだろうと思います。
> 그 일은 다나카 씨도 모를 것입니다.

STEP 3 패턴 문형 연습

보기처럼 주어진 말을 우리말 뜻에 맞게 문장을 바꿔 보세요.

| 보기 |

> 彼は来ない　　　　　　그는 오지 않는다
> ➡ 彼は来ないだろう。　그는 오지 않을 것이다.

① あの人は先生だ　➡ _____ 。
저 사람은 선생일 것이다.

② 今日は寒い　➡ _____ 。
오늘은 추울 것이다.

추측 의문의 표현

こんな仕事を引き受けてくれるだろうか。

이런 일을 받아 줄까?

STEP 1 여러 번 듣고 소리내어 반복해서 읽어보세요.

A 野村<small>(の むら)</small>さん、こんな仕事<small>(し ごと)</small>を引<small>(ひ)</small>き受<small>(う)</small>けてくれるだろうか。

B 大丈夫<small>(だい じょう ぶ)</small>だよ。喜<small>(よろこ)</small>んで引<small>(ひ)</small>き受<small>(う)</small>けてくれるよ。

A 大変<small>(たい へん)</small>な仕事<small>(し ごと)</small>ですから。まだ分<small>(わ)</small>からないのじゃないですか。

B でも、仕事<small>(し ごと)</small>を探<small>(さが)</small>していたから、引<small>(ひ)</small>き受<small>(う)</small>けるのではないだろうか。

A 노무라 씨, 이런 일을 받아 줄까요?
B 괜찮아. 기꺼이 받아 줄 거야.
A 힘든 일이라서, (받아 줄지 어떨지) 아직 모르잖아요?
B 하지만, 일을 찾고 있었으니까, 받아 주지 않을까?

引(ひ)き受(う)ける 인수하다　喜(よろこ)ぶ 기뻐하다　探(さが)す 찾다 ｜　計画(けいかく)
계획　賛成(さんせい) 찬성　道(みち) 길　木(き) 나무　植(う)える 심다　むし暑(あつ)い 무
덥다

STEP 2　이것만은 꼭 알아두세요.

▷ **~だろうか**　~일(할)까

だろう는 앞서 배운 추측의 용법 이외에, 확인을 나타내는 용법으로도 쓰입니다. 이때는 의문이나 질문을 나타내는 종조사 か를 접속하여 끝을 올려 발음하며, 정중하게 표현할 때는 でしょうか를 쓰면 됩니다.

この 計画に、母は 賛成してくれる**だろうか**。
이 계획에 어머니는 찬성해 줄까?

今日も 雨が 降る**でしょうか**。 오늘도 비가 내릴까요?

▷ **~ではないだろうか**　~이 아닐까

~では(じゃ) ないだろうか는 어떤 일이 일어날지 아닐지에 대해서 추측을 나타내는 표현으로 우리말의 「~이(가) 아닐까」에 해당합니다. 동사에 접속할 때는 の(ん)를 삽입하여 표현합니다. 정중한 표현은 ~では(じゃ)ないでしょうか 입니다.

この 道に 木を 植えれば、いい 散歩道になるの**ではないだろうか**。
이 길에 나무를 심으면 좋은 산책길이 되지 않을까?

STEP 3　패턴 문형 연습

보기처럼 주어진 말을 우리말 뜻에 맞게 문장을 바꿔 보세요.

| 보기 |

彼女は 来ない　　　　　　그녀는 오지 않는다

➔ 彼女は 来ないだろうか。　그녀는 오지 않을까?

① 今日もむし暑い　➔ ＿＿＿＿＿＿＿＿＿＿＿＿＿＿＿ 。
　　　　　　　　　오늘도 무더울까?

② この 学校の 学生です　➔ ＿＿＿＿＿＿＿＿＿＿＿＿＿ 。
　　　　　　　　　이 학교 학생일까요?

학습일

5단동사의 의지형

海へ遊びにでも行こうか。

바다에 놀러라도 갈까?

입에 착착!

STEP 1 여러 번 듣고 소리내어 반복해서 읽어보세요.

A　今度の週末、海へ遊びにでも行こうか。

B　うん。いいよ。ところで、水着は持っている?

A　いやいや、持ってないよ。あした買おうか。

B　うん。あしたデパートに行こう。

A　이번 주말에 바다에 놀러라도 갈까?
B　응. 좋아. 그런데. 수영복 갖고 있어?
A　아니, 없어. 내일 살까?
B　응, 내일 백화점에 가자.

週末(しゅうまつ) 주말　**海**(うみ) 바다　**ところで** 그런데　**水着**(みずぎ) 수영복

STEP 2 이것만은 꼭 알아두세요.

▷ **5단동사 ~う** ~하자(하겠다)

동사의 의지형은 う(よう)가 접속된 형태를 말합니다. 5단동사의 중에 어미가 く·ぐ·つ·る·う인 경우에는 お단인 こ·ご·と·ろ·お로 바뀌어 의지(~하겠다)나 권유(~하자)의 뜻을 나타내는 う가 접속됩니다.

기본형	의 미	의지형	의 미
行(い)く	가다	行こう	가자, 가겠다
急(いそ)ぐ	서두르다	急ごう	서두르자, 서두르겠다
待(ま)つ	기다리다	待とう	기다리자, 기다리겠다
乗(の)る	타다	乗ろう	타자, 타겠다
買(か)う	사다	買おう	사자, 사겠다

さ、時間が ないから 急ごう。

자, 시간이 없으니까 서두르자.

バスより タクシーに 乗って 行こう。

버스보다 택시를 타고 가자.

STEP 3 패턴 문형 연습

보기처럼 주어진 말을 우리말 뜻에 맞게 문장을 바꿔 보세요.

| 보기 |

一日も早く行く　　　　　하루라도 일찍 가다

➡ 一日も早く行こう。　　　하루라도 일찍 가자.

① 日本語で書く　　➡ _____。

일본어로 쓰자.

② 時間がないから急ぐ　➡ _____。

시간이 없으니까 서두르자.

5단동사의 의지형

暑いから中に入って話そうか。

더우니까 안에 들어가서 이야기할까?

| STEP 1 | 여러 번 듣고 소리내어 반복해서 읽어보세요. |

A   ちょっと話したいことがあるけど。

B   うん。なに?

A   暑いから中に入って話そうか。

B   いいね。あの喫茶店でアイスコーヒーでも飲もう。

A   잠깐 이야기할 게 있는데.
B   응, 뭔데?
A   더우니까 안에 들어가서 이야기할까?
B   그래. 저 커피숍에서 아이스커피라도 마시자.

アイスコーヒー 아이스커피 | **詳(くわ)しい** 자세하다 **小説(しょうせつ)** 소설

STEP 2 이것만은 꼭 알아두세요.

▷ **5단동사 ~う** ~하자(하겠다)

동사의 의지형은 う(よう)가 접속된 형태로, 5단동사 중에 어미가 む·ぶ·ぬ·す
인 경우 お단인 も·ぼ·の·そ로 바뀌어 의지(~하겠다)나 권유(~하자)의 뜻을 나
타내는 う가 접속됩니다.

기본형	의 미	의지형	의 미
飲(の)む	마시다	飲もう	마시자, 마시겠다
飛(と)ぶ	날다	飛ぼう	날자, 날겠다
死(し)ぬ	죽다	死のう	죽자, 죽겠다
話(はな)す	이야기하다	話そう	이야기하자, ~하겠다

詳しい ことは 君に 会って 話そう。
자세한 것은 너를 만나서 이야기하자.

これから 小説を 読もうと 思います。
앞으로 소설을 읽으려고 합니다.

STEP 3 패턴 문형 연습

보기처럼 주어진 말을 우리말 뜻에 맞게 문장을 바꿔 보세요.

─────────────────────── | 보기 |

帰りに一杯飲む　　　　귀갓길에 한 잔 마시다

➔ 帰りに一杯飲もう。　　귀갓길에 한 잔 마시자.

① 最近の小説を読む　➔ _____ 。
　　　　　　　　　　　최근 소설을 읽자.

② あの人を呼ぶ　➔ _____ 。
　　　　　　　　　저 사람을 부르자.

1단동사와 변격동사의 의지형

ふたりでおいしい物を食べようね。

둘이서 맛있는 것을 먹자.

STEP 1 여러 번 듣고 소리내어 반복해서 읽어보세요.

A 今晩、いっしょにご飯でも食べようか。

B そうしよう。ふたりでおいしいものを食べよう
ね。

A ご飯を食べたら、映画でも見ようか。

B いいよ。楽しみだね。

A 오늘밤 같이 식사라도 할까?

B 그러자. 둘이서 맛있는 거 먹자.

A 밥을 먹고 영화라도 볼까?

B 그래. 기대된다.

おいしい 맛있다　楽(たの)しみ 즐거움

136

STEP 2 이것만은 꼭 알아두세요.

▷ **1단동사 ~よう** ～하자(하겠다)

상1단·5단동사의 의지형은 동시임을 결정하는 **る**를 떼고 의지나 권유를 나타내는 **よう**를 접속하면 됩니다.

기본형	의 미	의지형	의 미
見(み)る	보다	見よう	보자, 보겠다
寝(ね)る	자다	寝よう	자자, 자겠다

もう 一度(いちど) よく 考(かんが)えよう。 다시 한번 잘 생각하자.

▷ **변격동사 ~よう** ～하자(하겠다)

변격동사의 의지형은 동시임을 결정하는 **る**를 떼고 의지나 권유를 나타내는 **よう**를 접속하면 됩니다.

기본형	의 미	의지형	의 미
来(く)る	오다	こよう	오자, 오겠다
する	하다	しよう	하자, 하겠다

STEP 3 패턴 문형 연습

보기처럼 주어진 말을 우리말 뜻에 맞게 문장을 바꿔 보세요.

─────────────────── | 보기 |

あのレストランでご飯(はん)を食(た)べる　　저 레스토랑에서 밥을 먹다

➡ あのレストランでご飯を食べよう。　　저 레스토랑에서 밥을 먹자.

① 明日(あした)は朝早(あさはや)く起(お)きる　➡ ＿＿＿＿＿＿＿＿＿＿＿＿＿＿＿＿＿ 。

　　내일은 아침 일찍 일어나자.

② 暑(あつ)いから窓(まど)を開(あ)ける　➡ ＿＿＿＿＿＿＿＿＿＿＿＿＿＿＿＿＿ 。

　　더우니까 창문을 열자.

Unit 06

학습일

완곡한 의지 표현

何で行こうと思っていますか。

뭐로 가려고 생각하고 계세요?

| STEP 1 | 여러 번 듣고 소리내어 반복해서 읽어보세요. |

A　佐藤<ruby>さとう</ruby>さん、今度<ruby>こんど</ruby>の日曜日<ruby>にちようび</ruby>何<ruby>なん</ruby>か予定<ruby>よてい</ruby>がありますか。

B　うん、ひさしぶりに釣<ruby>つり</ruby>にでも行<ruby>い</ruby>こうと思<ruby>おも</ruby>っているんだ。

A　わたしもいっしょに行<ruby>い</ruby>きたいです。何<ruby>なん</ruby>で行<ruby>い</ruby>こうと思<ruby>おも</ruby>っていますか。

B　自分<ruby>じぶん</ruby>の車<ruby>くるま</ruby>で行<ruby>い</ruby>こうと思<ruby>おも</ruby>っているんだ。いっしょに行<ruby>い</ruby>こう。

A　사토 씨, 이번 일요일 뭔가 예정이 있습니까?

B　응, 오랜만에 낚시라도 갈까 생각하고 있었어.

A　저도 같이 가고 싶네요. 뭐 타고 가려고 생각하고 계세요?

B　내 차로 가려고 생각하고 있는데. 같이 가자.

予定(よてい) 예정　ひさしぶりに 오랜만에　釣(つり) 낚시　車(くるま) 차, 자동차 | プレゼント 선물　ドラマ 드라마

138

STEP 2　이것만은 꼭 알아두세요.

▷ **동사 ~う(よう)**　~하자(하겠다, 할 것이다)

동사의 의지형을 만드는 う(よう)는 의지(~하겠다)의 뜻 이외에 권유의 뜻(~하자)을 나타내기도 하며, 추측의 뜻(~할 것이다)도 나타냅니다. 그러나 현대어에서는 동사의 기본형에 단정을 나타내는 だ의 추측형인 だろう를 접속하여 추측을 나타내는 것이 일반적입니다.

このプレゼントは 君^{きみ}に 上^あげ**よう**。

이 선물은 너에게 주겠다.

いつごろ 海^{うみ}へ 遊^{あそ}びに 行こ**う**か。

언제쯤 바다에 놀러 갈까?

▷ **동사 ~う(よう)と思う**　~하려고 생각하다

동사의 의지형에 ~と思(おも)う를 접속하면 「~하려고 생각하다」의 뜻으로 말하는 사람의 의지를 완곡하게 표현합니다.

これから 小説^{しょうせつ}を 書^かこ**うと思います**。

이제부터 소설을 쓰려고 합니다.

STEP 3　패턴 문형 연습

보기처럼 주어진 말을 우리말 뜻에 맞게 문장을 바꿔 보세요.

| 보기 |

ドラマを見^みる　　　　　　　　　　드라마를 보다
➔ ドラマを見ようと思っています。　드라마를 보려고 합니다.

① 日本語^{にほんご}を習^{なら}う　　➔ ＿＿＿＿＿＿＿＿＿＿＿＿＿＿＿。
　　　　　　　　　　　　일본어를 배우려고 합니다.

② 彼^{かれ}に会^あいに行^いく　➔ ＿＿＿＿＿＿＿＿＿＿＿＿＿＿＿。
　　　　　　　　　　　　그를 만나러 가려고 합니다.

とんでもない

일본인은 고마움에 대한 응대나 선물을 받거나 하면 곧잘 **ありがとう**를 말하기 전에 **とんでもない**라고 합니다. 사용법에 따라 **とんでもない**에는 많은 다른 의미가 있습니다.

감사에 대한 응대나 선물을 받거나 했을 때에 쓰이는 **とんでもない**는 기대하지 않았다는 것을 의미하고 있습니다. 이처럼 **とんでもない**는 일본인의 특유한 겸허함, 즉 상대에게 고마움을 기대하고 일을 행하는 것이 아니라는 것을 나타내고 있습니다.

그밖에 **とんでもない**는「바보스런, 몰상식한, 무법한, 기이한, 사리가 맞지 않다」등의 의미가 있습니다. 한 젊은 남자가 어떤 아가씨와 상당히 오랫동안 데이트를 거듭한 후에 그녀에게 프러포즈 하자 그녀는 **とんでもない**라고 외칩니다. 이런 경우에는 여자 상대로부터 거절당했다는 것을 남자는 알아차리게 됩니다.

では、また

영어에서는 **See you**가 친구 사이에서의 작별인사로서 쓰입니다. 이것에 해당하는 일본어는 **では、また**이며, 스스럼없는 표현으로는 **じゃ、また**가 됩니다. 영어의 **See you**와 마찬가지로 일본인 사이에서는 **さよなら** 대신에 **では、また**가 널리 쓰이고 있습니다. 하지만 영어로 그대로 번역하면 Well again이 되고, 사용법에 따라서는 다소 차이가 나는 경우가 있습니다.

예를 들면 어느 세일즈맨이 재봉틀을 팔려고 하는데 거절당한 후 **では、また**라고 말하고 나갔다고 합시다. 또는 그가 가망이 있어 보이는 손님과 연락을 취하려고 전화를 걸었는데 상대가 외출중이라고 말하자 **では、また**라고 하며 수화기를 놓았다고 합시다.

처음의 예에서는 이 세일즈맨은 다음번에 잘 부탁드린다는 것을 말하며, 뒤의 예에서는 다시 전화를 걸겠다는 의미로 쓰이고 있습니다.

Part

10

명령표현
거침없이 익히기

사실의 설명 표현

韓国の文字は何と言いますか。

한국의 문자는 뭐라고 합니까?

STEP 1 여러 번 듣고 소리내어 반복해서 읽어보세요.

A　キムさん、韓国(かんこく)の文字(もじ)は何(なん)と言(い)いますか。

B　韓国(かんこく)の文字(もじ)はハングルと言(い)います。

A　友達(ともだち)はむずかしいと言(い)いましたが。

B　ええ、むずかしいですが、おもしろいです。

A　김씨, 한국의 문자는 뭐라고 합니까?
B　한국의 문자는 한글이라고 합니다.
A　친구는 어렵다고 하던데요.
B　네, 어렵지만, 재미있습니다.

ハングル 한글 │ **ウサギ** 토끼　**生活**(せいかつ) 생활　**楽**(たの)**しい** 즐겁다　**親切**(しんせつ)**だ** 친절하다　**お父**(とう)**さん** 아버지　**大学**(だいがく) 대학

142

STEP 2 이것만은 꼭 알아두세요.

▷ **~と言う** ~라고 (말)하다

조사 と는 명사에 접속하여 사물을 나열할 때는 「~와(과)」의 뜻이지만, 활용어에 접속하여 가정 조건을 나타낼 때는 「~하면」의 뜻으로 쓰입니다. 그러나 言う(말하다), 思う(생각하다) 등의 말 앞에서 쓰이면 그 내용을 나타냅니다.

これは 何と言いますか。
이것은 뭐라고 합니까?

日本でも 月の 中に ウサギが いると 言いますか。
일본에서도 달 속에 토끼가 있다고 말합니까?

キムさんは 日本の 生活が 楽しいと 言っていました。
김씨는 일본 생활이 재미있다고 했습니다.

イさんは 日本人は みんな 親切だと 言いました。
이씨는 일본인은 모두 친절하다고 했습니다.

田中さんの お父さんは 大学の 先生だと 言いました。
다나카 씨 아버지는 대학 교수라고 했습니다.

STEP 3 패턴 문형 연습

보기처럼 주어진 말을 우리말 뜻에 맞게 문장을 바꿔 보세요.

─── | 보기 |

今日本は暑い   지금 일본은 덥다

➜ 今日本は暑いと言います。   지금 일본은 덥다고 합니다.

① 木村さんは明日来る   ➜ _____ 。
기무라 씨는 내일 온다고 합니다.

② あそこは交通が便利だ   ➜ _____ 。
거기는 교통이 편하다고 합니다.

5단동사의 명령형

もうちょっと待ってくれ。

좀 더 기다려 줘.

STEP 1 여러 번 듣고 소리내어 반복해서 읽어보세요.

A 用意、できたか。
よう い

B わるい、もうちょっと待ってくれ。
ま

A 遅いね。急げよ。
おそ　　いそ

B わかった、すぐ行くから。
い

A 준비, 다 됐어?
B 미안, 좀 더 기다려 줘.
A 늦네. 서둘러.
B 알았어. 곧 갈 테니까

用意(よう い) 준비　**わるい** 미안하다　|　**ぐずぐずする** 꾸물대다　**歩**(ある)**く** 걷다　**待**(ま)**つ**
기다리다　**危**(あぶ)**ない** 위험하다

144

▷ **5단동사의 명령형**

일본어 동사의 명령형은 그 어감이 직접적이고 거칠기 때문에 일상생활에는 그다지 쓰이지 않지만 인용문이나 설명문에 쓰이므로 익혀 두어야 합니다. 5단동사 중에 어미가 く・ぐ・つ・る・う인 경우 명령형은 어미 う단을 え단인 け・げ・て・れ・え로 바꾸어 줍니다. 뒤에 접속하는 말은 없습니다.

기본형	의 미	명령형	의 미
行(い)く	가다	行け	가(라)
急(いそ)ぐ	서두르다	急げ	서둘러(라)
待(ま)つ	기다리다	待て	기다려(라)
乗(の)る	타다	乗れ	타(라)
買(か)う	사다	買え	사(라)

ぐずぐずしないで早(はや)く歩(ある)け。
꾸물거리지 말고 빨리 걸어.

彼(かれ)は僕(ぼく)にここで待(ま)てと言(い)いました。
그는 나에게 여기서 기다리라고 했습니다.

보기처럼 주어진 말을 우리말 뜻에 맞게 문장을 바꿔 보세요.

─────| 보기 |─

ぐずぐずしないで速(はや)く歩(ある)きなさい。　꾸물대지 말고 빨리 걸어라.

➔ ぐずぐずしないで速く歩け。　꾸물대지 말고 빨리 걸어.

① 時間(じかん)がないから急(いそ)ぎなさい　➔ _____ 。
시간이 없으니까 서둘러.

② 危(あぶ)ないからここで待(ま)ちなさい　➔ _____ 。
위험하니까 여기서 기다려.

5단동사의 명령형

兄は私に本を読めと言いました。

형은 나에게 책을 읽으라고 했습니다.

입에 착착!

STEP 1 여러 번 듣고 소리내어 반복해서 읽어보세요.

A お兄^{にい}さんはさっき何^{なん}と言^いったんですか。

B わたしにテレビばかり見^みないで、本^{ほん}を読^よめと言^いいました。

A そうですか。また何^{なん}か言^いったんじゃないですか。

B 勉強^{べんきょう}がきらいなら死^しねと言^いいました。

A 형은 아까 뭐라고 말했어요?
B 제게 텔레비전만 보지 말고 책을 읽으라고 말했습니다.
A 그렇습니까? 또 뭔가 말하지 않았습니까?
B 공부가 싫다면 죽으라고 했습니다.

お兄(にい)さん 형(님) **さっき** 아까 **嫌(きら)いだ** 싫다

146

STEP 2　이것만은 꼭 알아두세요.

▷ **5단동사의 명령형**

5단동사 중에 어미가 む·ぶ·ぬ·す인 경우의 명령형은 う단을 え단인 め·べ·ね·せ로 바꾸면 되고 뒤에 접속되는 말은 없습니다.

기본형	의 미	명령형	의 미
飲(の)む	마시다	飲め	마셔(라)
飛(と)ぶ	날다	飛べ	날아(라)
死(し)ぬ	죽다	死ね	죽어(라)
話(はな)す	이야기하다	話せ	이야기해(라)

父は 外へ 出て 遊べと 言いました。

아버지는 밖에 나가 놀라고 말했습니다.

彼は 犬に 死ねと 命令しました。

그는 개에게 죽으라고 명령했습니다.

この本、1ページから 5ページまで 読め。

이 책, 1쪽부터 5쪽까지 읽어.

STEP 3　패턴 문형 연습

보기처럼 주어진 말을 우리말 뜻에 맞게 문장을 바꿔 보세요.

─┤ 보기 ├─

ビールを 飲みなさい。　　맥주를 마시거라.

➔ ビールを 飲め。　　맥주를 마셔.

① 外で 遊びなさい　　➔ _____ 。

밖에서 놀아.

② これから 本を 読みなさい　　➔ _____ 。

이제부터 책을 읽어.

1단동사와 변격동사의 명령형

よく確かめろと命令しました。

잘 확인하라고 명령했습니다.

STEP 1 여러 번 듣고 소리내어 반복해서 읽어보세요.

A 計算が間違ったのに、社長は何と命令しましたか。

B よく確かめろと命令しました。

A それだけですか。

B いいえ、あとはしっかりしろと。

A 계산이 틀렸는데, 사장은 뭐라고 명령했습니까?

B 잘 확인하라고 명령했습니다.

A 그것뿐입니까?

B 아니오. 앞으로 제대로 하라고.

計算(けいさん) 계산   **間違(まちが)える** 틀리다   **確(たし)かめる** 확실히 하다, 확인하다
命令(めいれい)する 명령하다   **しっかり** 단단히, 확실히 │ **黒板(こくばん)** 칠판   **さっさと**
재빨리

148

STEP 2 이것만은 꼭 알아두세요.

▷ **1단동사의 명령형**

상1단·하1단동사의 경우는 동사임을 결정하는 る를 ろ로 바꾸어 주면 됩니다. 마찬가지로 뒤에 접속되는 말은 없습니다.

기본형	의 미	명령형	의 미
見(み)る	보다	見ろ	봐(라)
寝(ね)る	자다	寝ろ	자(라)

▷ **변격동사의 명령형**

변격동사 くる의 명령형은 こい가 되고, する의 경우는 しろ와 せよ가 있습니다. せよ는 주로 문장체에서만 쓰입니다.

기본형	의 미	명령형	의 미
来(く)る	오다	こい	와(라)
する	하다	しろ / せよ	해(라)

STEP 3 패턴 문형 연습

보기처럼 주어진 말을 우리말 뜻에 맞게 문장을 바꿔 보세요.

| 보기 |

こくばん み
黒板を見なさい。　　　　칠판을 보거라.

➔ 黒板を見ろと命令しました。　칠판을 보라고 명령했습니다.
　　　　　　めいれい

はや お
① 早く起きなさい　　➔ ＿＿＿＿＿＿＿＿＿＿＿＿＿＿＿＿＿＿。
　　　　　　　　　　　　빨리 일어나라고 말했습니다.

た
② さっさと食べなさい　➔ ＿＿＿＿＿＿＿＿＿＿＿＿＿＿＿＿。
　　　　　　　　　　　　재빨리 먹으라고 명령했습니다.

금지의 표현

食べてすぐ寝るな。太るぞ。

먹고 곧바로 자지 마. 살찐다.

> **STEP 1** 여러 번 듣고 소리내어 반복해서 읽어보세요.

A まだ食べてるの？ 食べるな。

B でも、おいしいもん。あ、眠くなってきた。
そろそろ寝るよ。

A 食べてすぐ寝るな。太るぞ。いっしょに運動し
よう。

B 運動はほんとうにいやだ。ひとりでしなさいよ。

A 아직 먹고 있어? 먹지 마.
B 하지만, 맛있는걸. 아, 졸려. 슬슬 잘게.
A 먹고 곧바로 자지 마. 살찐다. 같이 운동하자.
B 운동은 정말 싫어. 혼자 해.

眠(ねむ)い 졸립다　そろそろ 슬슬　太(ふと)る 살찌다　ぞ 강하게 다짐하는 뜻을 나타냄
嫌(いや)だ 싫다 ｜ 悔(く)やむ 후회하다　わき見(み) 곁눈　タバコ 담배　吸(す)う 흡입하다

STEP 2 이것만은 꼭 알아두세요.

▷ **동사 ~な** ~하지 마

な는 동사의 기본형에 접속하여 「~하지 마라」의 뜻으로 금지의 뜻을 나타냅니다. 부드럽게 표현하기 위해 종조사 よ를 접속하여 なよ의 형태로도 쓰입니다. 그러나 な가 동사의 중지형, 즉 ます가 접속하는 꼴에 이어지면 가벼운 명령을 나타내기도 합니다.

終わった ことを いつまでも 悔やむ**な**。

끝난 일을 언제까지고 후회하지 마.

お酒を 飲みすぎる**な**よ。

술을 너무 마시지 마라.

わき見を する**な**。

한눈을 팔지 마라.

早く 歩き**な**。 さあ、食べ**な**。

빨리 걸어라. 자, 먹어라.

STEP 3 패턴 문형 연습

보기처럼 주어진 말을 우리말 뜻에 맞게 문장을 바꿔 보세요.

| 보기 |

誰にも 言っては いけない。　　아무에게도 말해서는 안 된다.

➜ 誰にも 言うな。　　　　　　아무에게도 말하지 마.

① 酒を 飲んでは いけない　　➜ _____ 。

　　　　　　　　　　　　　　　술을 마시지 마.

② タバコを 吸っては いけない　➜ _____ 。

　　　　　　　　　　　　　　　담배를 피우지 마.

간접적인 의뢰 · 요구의 표현

一時間あとで来てほしいです。

시간 후에 와 줬으면 해요.

| STEP 1 | 여러 번 듣고 소리내어 반복해서 읽어보세요. |

A この問題(もんだい)をちょっと教(おし)えてほしいです。

B 今(いま)はいそがしいからあとでもいいですか。

A 何時(なんじ)ごろがいいでしょうか。

B 1時間(じかん)あとで来(き)てほしいです。

A 이 문제를 좀 가르쳐 주었으면 합니다.
B 지금은 바쁘니까 나중에 안 될까요?
A 몇 시쯤이 괜찮겠어요?
B 1시간 후에 와 줬으면 해요.

問題(もんだい) 문제　教(おし)える 가르치다　後(あと) 뒤, 나중　忙(いそが)しい 바쁘다
作文(さくぶん) 작문　直(なお)す 고치다　紹介(しょうかい) 소개

STEP 2   이것만은 꼭 알아두세요.

▷ **~てほしい**   ~해 주었으면 하다

ほしい는 「어떤 것을 자기 것으로 하고 싶다」는 뜻으로 쓰이는 말이지만, 다른 동사 뒤에서 ~てほしい의 형태로 쓰이면 「상대방이 그런 행동을 해 주었으면 좋겠다」는 뜻을 나타냅니다. 앞서 배운 ~てください가 직접적인 행동의 요구표현이라면, ~てほしい는 그 행동을 해 주는 것을 받았으면 좋겠다는 뜻으로 간접적인 요구표현이라고 할 수 있습니다.

あした うちに 遊びに 来てほしい。

내일 우리 집에 놀러 와 주었으면 좋겠어.

この 作文を 直してほしいです。

이 작문을 고쳐 주었으면 합니다.

レポートは あしたまでに 出してほしいです。

리포트는 내일까지 내주기 바랍니다.

紹介してほしい 人が います。

소개받고 싶은 사람이 있습니다.

STEP 3   패턴 문형 연습

보기처럼 주어진 말을 우리말 뜻에 맞게 문장을 바꿔 보세요.

| 보기 |

朝早く来てください。   아침 일찍 오세요.

➜ **朝早く来てほしいです。**   아침 일찍 와 주었으면 합니다.

① 日本語を教えてください   ➜ _____ 。

일본어를 가르쳐 주었으면 합니다.

② 木村さんに電話してください   ➜ _____ 。

기무라 씨에게 전화해 주었으면 합니다.

なぜ · どうして

일본어의 なぜ와 どうして는 각각 우리말의 「왜, 어째서」에 해당하며, 이유나 방법을 물을 때 쓰이는 의문사입니다. 친구에게 「이것을 그녀에게 전해주기 바라」라고 의뢰받았을 때에 **なぜ** 또는 **どうして**로 되물었다면, 그것은 이유 여하에 따라서는 부탁을 받아주어도 되고 거절할 경우도 있다는 의미입니다. 그 친구가 그럴듯한 이유를 말하고 다시 한번 부탁했다고 해도 역시 **どうして?**라고 물었다면 그 부탁을 No로 거절할 수 있습니다.

결국 막연한 방법으로 일을 부탁받았을 때 상대가 무엇을 말하려고 하는지를 이러한 말을 써서 확인할 수 있습니다.

그런데 **どうして**를 매우 닮은 말이 있습니다. 그것은 **どうしても**입니다. 이것은 반드시 일을 행하든지 아무리 분발해도 실행이 불가능하다는 의미를 갖고 있습니다. 예를 들면 작은 동생이 함께 놀아달라고 졸라도 아가씨는 데이트가 있어서 거절합니다. 동생에게 **どうして**라는 질문을 받고 그녀는 **どうしても**라고 대꾸합니다. 그것은 그녀가 거절하는 이유를 동생에게 말할 수 없기 때문입니다.

なにもございませんが

일반적으로 일본인은 손님(환영받지 못한 손님은 별개로)을 친절히 대접합니다. 통상 방문객에게는 차와 과자를 내오고, 점심때가 되면 가족과 함께 식탁에서 식사를 하도록 합니다.

손님에게 시중을 드는 것은 대부분 그 집의 부인으로 음식을 차리면서 **なにもございませんが** (아무것도 없습니다만)라고 말합니다. 물론, 내드린 것은 전혀 없다는 것을 본심으로 말하고 있는 것이 아닙니다. 사실 그녀는 어디에도 없을 정도의 최고로 멋진 음식을 가지고 나타남에 틀림없습니다. 이러한 관습은 전연 손님을 놀린다거나 놀라게 하려는 의도가 아니라, 자신은 최선을 다했다라는 것을 나타내는 일본인 부인의 겸손한 배려가 있는 표현입니다.

11

전문/ 양태/ 추정/ 비유표현
익히기

전문의 표현

田中さんがご病気だそうですね。

다나카 씨가 아프다고 하던데요.

STEP 1 여러 번 듣고 소리내어 반복해서 읽어보세요.

A 吉村さん、田中さんがご病気だそうですね。

B ええ、でも心配するほどじゃないそうです。

A 木村さんがお見舞いに行くそうですが。

B よかったら、いっしょに行きましょうか。

A 요시무라 씨, 다나카 씨가 아프다고 하던데요.

B 네, 하지만 걱정할 정도는 아니라고 합니다.

A 기무라 씨가 병문안 간다고 하던데요.

B 괜찮으시면, 같이 갈까요?

病気(びょうき) 병   心配(しんぱい)する 걱정하다   お見舞(みま)い 병문안 | お医者(いしゃ)さん 의사 선생님   店(みせ) 가게   安(やす)い (값이) 싸다

STEP 2 이것만은 꼭 알아두세요.

▷ **~そうだ** ~라고 한다

そうだ는 활용어의 기본형에 접속하여 「~라고 한다, ~란다」의 뜻으로 전문(伝聞)을 나타냅니다. 이것은 자신의 눈으로 직접 확인한 것이 아니라 남에게 전해 들어서 안다는 뜻입니다. 명사에 접속할 때는 반드시 ~だそうだ의 형태를 취하며, 정중형은 そうです입니다.

ソウルより東京は暑いそうです。

서울보다 도쿄는 덥다고 합니다.

木村さんが行くそうで、わたしは行きませんでした。

기무라 씨가 간다고 해서, 나는 가지 않았습니다.

キムさんのお父さんはお医者さんだそうです。

김씨의 아버지는 의사 선생님이랍니다.

この店よりあの店の方が安いそうです。

이 가게보다 저 가게가 싸답니다.

STEP 3 패턴 문형 연습

보기처럼 주어진 말을 우리말 뜻에 맞게 문장을 바꿔 보세요.

| 보기 |

彼は日本へ帰ると言いました。　　그는 일본으로 돌아간다고 했습니다.

➔ 彼は日本へ帰るそうです。　　그는 일본으로 돌아간답니다.

① 彼女は時間がないと言いました。 ➔ _____ 。

그녀는 시간이 없답니다.

② 彼は歌が好きだと言いました。 ➔ _____ 。

그는 노래를 좋아한답니다.

양태의 표현

今にも雨が降りそうですね。

당장이라도 비가 내릴 것 같군요.

STEP 1   여러 번 듣고 소리내어 반복해서 읽어보세요.

A   いやな天気ですね。

B   ええ、今にも雨が降りそうですね。

A   そうですね。ところで、このコート暖かそうで
     すね。

B   はい、暖かいです。

A   날씨가 우중충하군요.
B   예, 당장이라도 비가 내릴 것 같군요.
A   그렇군요. 그런데, 이 코트 따뜻해 보이네요.
B   네, 따뜻합니다.

いや 싫은 모양, 바라지 않는 모양, 꺼림칙한 모양   天気(てんき) 날씨   ところで 그런데

STEP 2 이것만은 꼭 알아두세요.

▷ **~そうだ** ~할 것 같다

そうだ는 전문의 용법 이외에 양태(様態)를 나타내기도 합니다. 이것은 「금방이라도 ~할 것 같다」 또는 「그렇게 보인다」라는 뜻을 나타내는데, 확인하지 못하지만 외견상 판단해서 그런 성질이나 상태가 추측된다는 것을 나타냅니다. 따라서 말하는 사람의 주관적인 판단에 의한 것이 많습니다. 전문의 そうだ는 활용어의 기본형에 접속하지만, 양태를 나타내는 そうだ는 동사의 중지형, 형용사와 형용동사의 어간에 접속하며, 명사에는 접속하지 않습니다. 단, 형용사의 よい나 ない처럼 두 음절로 이루어진 것은 어미 い가 さ로 바뀌어 そうだ가 이어지며 활용은 형용동사와 동일합니다.

ここは とても 静かそうに 見えますね。

여기는 매우 조용하게 보이는군요.

この セーターは なかなか 暖かそうですね。

이 스웨터는 상당히 따뜻해 보이네요.

今にも 雪が 降りそうですね。

금방이라도 눈이 내릴 것 같군요.

STEP 3 패턴 문형 연습

보기처럼 주어진 말을 우리말 뜻에 맞게 문장을 바꿔 보세요.

| 보기 |

彼はお金がある　　　　　　그는 돈이 있다

➡ **彼はお金がありそうです。**　그는 돈이 있어 보입니다.

① **今にも雨が降る**　➡ _____ 。
당장이라도 비가 내릴 것 같습니다.

② **この料理はおいしい**　➡ _____ 。
이 요리는 맛있어 보입니다.

양태의 부정표현

雪が降りそうにないですね。

눈이 내릴 것 같지 않네요.

STEP 1 여러 번 듣고 소리내어 반복해서 읽어보세요.

A あしたも雪が降りそうにないですね。

B そうですか。あしたは晴れるでしょうか。

A いいえ、晴れそうもないです。雨が降りそうです。

B 雨はいやですけどね。

A 내일도 눈이 내릴 것 같지 않네요.

B 그렇습니까? 내일은 맑을까요?

A 아니오. 맑을 것 같지도 않네요. 비가 내릴 것 같아요.

B 비는 싫은데 말이에요.

雪(ゆき) 눈 **晴(は)れる** (날이) 개다. 맑다 │ 仲(なか) 사이

머리에 쏙쏙!

STEP 2 이것만은 꼭 알아두세요.

▷ **~そうに(も)ない** ~할 것 같지 않다

양태를 나타내는 そうだ는 형용동사처럼 활용을 하지만, 동사에 접속하여 부정을 나타낼 때는 부정형 そうではない가 아니라 そうに(も)ない가 됩니다.

金田さんは とても 良さ**そうな** ひとですね。

가네다 씨는 매우 좋은 사람인 것 같군요.

この 病気は 治り**そうにもありません**。

이 병은 나을 것 같지도 않습니다.

今日は 雨が 降り**そうにない**ですね。

오늘은 비가 내릴 것 같지 않군요.

仲が 良さ**そうですね**。

사이가 좋아 보이네요.

＊ 형용사의 음절이 2개인 よい(좋다), ない(없다) 등과 같은 경우에는 어미 い를 さ로 바꾸어 양태를 나타내는 そうだ를 접속할하여 よさそうだ, なさそうだ라고 합니다.

손으로 또박또박!

STEP 3 패턴 문형 연습

보기처럼 주어진 말을 우리말 뜻에 맞게 문장을 바꿔 보세요.

─── | 보기 |

> 雨が降らない　　　　　　　비가 내리지 않다
>
> ➡ 雨が降りそうにないです。　비가 내리지 않을 것 같지 않습니다.

① 雨が止まない　　　➡ _____ 。

비가 그치지 않을 것 같습니다.

② お金がない　　　➡ _____ 。

돈이 없어 보입니다.

Unit 04

학습일

どうも風邪を引いたらしいです。

아무래도 감기에 걸린 것 같습니다.

입에
착착!

STEP 1 여러 번 듣고 소리내어 반복해서 읽어보세요.

A どうも風邪を引いたらしいです。

B それはいけませんね。早く帰って休んだほうが
いいですね。

A はい、そうします。

B こんなに元気がないなんて、キムさんらしくな
いですよ。

A 아무래도 감기에 걸린 것 같습니다.
B 그거 안됐군요. 빨리 가서 쉬는 게 좋겠어요.
A 네, 그렇게 하겠습니다.
B 그렇게 원기가 없다니 김씨답지 않아요.

どうも 아무래도, 무척, 매우 **元気**(げんき) 원기, 기운 | **顔**(かお) 얼굴 **赤**(あか)い 빨갛다 **会社**(かいしゃ) 회사 **辞**(や)める 그만두다

STEP 2 이것만은 꼭 알아두세요.

▷ **~らしい** ~할 것 같다

らしい는 어떤 일에 대해 확정적으로 말할 수 없지만, 여러 가지 객관적인 사실들을 근거로 하여 그 일의 진위에 대한 확신이 높지 않을 때, 또는 그 정보의 근원이 직접적이지 못할 때 많이 씁니다. 즉, 말하는 사람 스스로가 직접 관여하고 있지 않다는 느낌으로 쓰이는 경우가 많습니다. らしい는 동사와 형용사의 기본형, 형용동사의 어간에 접속하며, 명사에는 직접 접속합니다. 또, らしい는 형태상 형용사의 꼴을 취하므로 형용사처럼 활용을 합니다.

彼の 話を 聞くと、かなり 大変らしい。
그의 이야기를 들으면 상당히 힘들 것 같다.

木村さんに 聞いても よく 分からないらしいです。
기무라 씨에게 물어도 잘 모르는 것 같습니다.

どこかで 酒を 飲んで 来たらしく 顔が 赤い。
어디선가 술을 마시고 온 듯이 얼굴이 빨갛다.

STEP 3 패턴 문형 연습

보기처럼 주어진 말을 우리말 뜻에 맞게 문장을 바꿔 보세요.

	보기
風邪を 引いた	감기에 걸렸다
➡ 風邪を 引いたらしいです。	감기에 걸린 것 같습니다.

① 彼は 会社を 辞めた　　➡ _____ 。
그는 회사를 그만둔 것 같습니다.

② あの 人が 木村さんだ　　➡ _____ 。
저 사람이 기무라 씨인 것 같습니다.

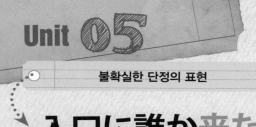

불확실한 단정의 표현

入口に誰か来たようです。

입구에 누군가 온 것 같네요.

STEP 1 여러 번 듣고 소리내어 반복해서 읽어보세요.

A 吉村さん、ちょっとやせたようですね。

B そうかもしれません。このごろいそがしくて睡眠不足ですから。

A 佐藤さんは最近ひまなようですが、吉村さんはいそがしいですね。

B はい。あ、入口にだれか来たようです。

A 요시무라 씨. 좀 야윈 것 같네요.
B 그럴지도 모릅니다. 요즘 바빠서 잠이 부족해서요.
A 사토 씨는 최근에 한가한 것 같은데, 요시무라 씨는 바쁘군요.
B 네. 아, 입구에 누군가 온 것 같네요.

やせる 야위다 睡眠不足(すいみんぶそく) 수면부족 入口(いりぐち) 입구 | 暇(ひま)だ 한가하다 困(こま)る 곤란하다

164

▷ **~ようだ** ~할 것 같다

ようだ는 불확실한 단정·비유·예시의 용법으로 쓰입니다. 형용동사처럼 활용을 하며, 동사와 형용사의 기본형이나 과거형에 접속하지만, 형용동사에 접속할 때는 연체형, 즉 ~なようだ가 되며, 명사에 접속할 때는 ~のようだ의 형태를 취합니다. 또한 구어체에서는 *みたいだ*의 형태로도 쓰입니다.

불확실한 단정을 나타내는 ようだ는 어떤 것에 대해 그 때의 상황이나 주어진 정보를 바탕으로 하여 불확실하지만 그렇게 볼 수 있는 상황이라는 판단이 설 때 씁니다. 또한, 명확한 근거가 없이 지극히 주관적인 판단에 의할 때에만 쓰기도 합니다.

彼女は 何も 知らない**ようだ**。
그녀는 아무것도 모르는 것 같다.

入口に 誰か 来た**ようです**ね。
입구에 누가 온 것 같군요.

木村さんが 遊んで いるのを 見ると、最近 暇な**ようです**ね。
기무라 씨가 놀고 있는 것을 보니 요즘 한가한 것 같군요.

보기처럼 주어진 말을 우리말 뜻에 맞게 문장을 바꿔 보세요.

| 보기 |

彼は困っている　　　　　　그는 난처하다

➔ 彼は困っているようです。　그는 난처한 것 같습니다.

① お酒が飲めない　➔ _____ 。
술을 마시지 못하는 것 같습니다.

② 気分が悪い　➔ _____ 。
기분이 안 좋은 것 같습니다.

비유 · 예시의 표현

まるで夏が来たようです。

마치 여름이 온 것 같습니다.

입에 착착!

STEP 1 여러 번 듣고 소리내어 반복해서 읽어보세요.

A きょうはずいぶん暑いですね。

B ええ、まだ 4月なのに、夏のような暑さですね。

A まるで夏が来たようです。

B コーラのような冷たいものが飲みたいですね。

A 오늘은 꽤 덥네요.

B 네, 아직 4월인데도 여름처럼 덥네요.

A 마치 여름이 온 것 같습니다.

B 콜라 같은 차가운 걸 마시고 싶네요.

ずいぶん 상당히, 몹시 **まるで** 마치 **コーラ** 콜라 **冷(つめ)たい** 차갑다
夢(ゆめ) 꿈 **声(こえ)** 목소리 **ささやく** 속삭이다

STEP 2 이것만은 꼭 알아두세요.

▷ **~ようだ** ~인 것 같다

ようだ는 그 모습이나 상태가 「마치 ~인 것 같다」라는 뜻으로 어떤 사물이나
상태에 비유를 나타내는 용법으로 쓰이기도 합니다. 이럴 경우에는 주로 まる
で~ようだ의 형태로 쓰입니다.

> まるで夢を見ているようです。
>
> 마치 꿈을 꾸고 있는 것 같습니다.

> 今は春と夏がいっしょに来たようですね。
>
> 지금은 봄과 여름이 같이 온 것 같군요.

▷ **~ような** ~와 같은

예시의 ようだ는 비슷한 것, 조건에 맞는 것을 구체적인 예로 들어 설명하거나
그것 자체에 대해 말할 때 씁니다.

> コーラの**ような**冷たいものが飲みたいですね。
>
> 콜라와 같은 차가운 것을 마시고 싶군요.

STEP 3 패턴 문형 연습

보기처럼 주어진 말을 우리말 뜻에 맞게 문장을 바꿔 보세요.

		보기
まるで夢だ	마치 꿈이다	
➔ まるで夢のようです。	마치 꿈 같습니다.	

① 5月なのに夏だ ➔ _____ 。

5월인데 여름 같습니다.

② ささやく/声で話す ➔ _____ 。

속삭이는 듯한 목소리로 말합니다.

いらっしゃいませ

일본에서는 점포나 백화점을 들어서면 으레 점원은 **いらっしゃいませ**(어서오십시오)라고 하며 손님을 맞이합니다. 마찬가지로 레스토랑이나 다방에서 손님에게 물을 한 잔 들고 오는 웨이트리스도 **いらっしゃいませ**라고 인사를 합니다. 이처럼 **いらっしゃいませ** 또는 짧은 형태의 **いらっしゃい**는 방문객이 일부러 와 준 것에 대한 감사의 마음을 나타내는 데에 쓰입니다.

이 말은 일본 도처에서 쓰이며, 특히 여점원, 웨이트리스, 접수처 여사무원 등, 고객을 직접 상대하는 사람들은 **いらっしゃいませ**를 애교스럽게 말하도록 교육을 받습니다.

가정집 방문자를 맞이할 때도 역시 **いらっしゃいませ**, 내지 **いらっしゃい**가 쓰입니다. 전자는 통상 부인이, 후자는 남편이 사용합니다.

때로는 어시장이나 채소가게나 변두리의 레스토랑에서 일하는 남자들은 활기차게 **らっしゃい**라고 발음합니다. 이것은 조금 거친 형태이지만 활기를 불어넣기도 합니다.

思(おも)いやり

일본어에 상대의 입장이 되어 생각하거나 자기 자신의 일을 생각하기 전에 상대의 마음을 배려하거나 하는 사려 깊음을 가리키는 말이 많이 있습니다. 이것에 가장 잘 들어맞는 말의 하나가 **思いやり**입니다. 사전에 의하면 **思いやり**란 자기 자신의 일보다 상대의 일에 대해서 많이 생각하거나 동정하거나 상대의 일을 생각하고 어떻게 느끼고 있는지를 고려하여 그 사람을 위해 무언가를 하는 것을 의미 합니다.

예를 들면, 실연을 당하여 슬픔에 빠진 당신을 혼자 두는 것도 **思いやり**의 하나의 형태이며, 또, 술집으로 데리고 가서 슬픔을 위로하는 것도 **思いやり**입니다. 어느 쪽의 경우도 당신의 마음을 배려하는 마음에서 나오는 것이므로 당신에게 보여준 **思いやり**를 알아야 합니다.

일본인이 누군가에게 **思いやり**를 보이는 것을 봤을 때나 당신이 **思いやり**를 받았을 때는 **ご親切さま**(고맙게도)라든가 **ありがとう**(고마워요)에 덧붙여서 **あなたは思いやりがありますね**(당신은 배려가 있군요)라고 말한다면, 당신의 마음을 일본인에게 더욱 효과적으로 전할 수가 있을 것입니다.

12

사역표현 (さ)せる형
익히기

5단동사의 사역형

ニュースを聞かせることにしました。

뉴스를 듣게 하기로 했습니다.

| STEP 1 | 여러 번 듣고 소리내어 반복해서 읽어보세요. |

A きょうも生徒に作文を書かせましたか。

B いいえ、きょうはニュースを聞かせることにしました。

A あしたは、生徒に何をやらせるつもりですか。

B 博物館に行かせるつもりです。

A 오늘도 학생들에게 작문을 쓰게 했습니까?

B 아니오, 오늘은 뉴스를 듣게 했습니다.

A 내일은 학생들에게 무엇을 하게 할 생각입니까?

B 박물관에 가게 할 생각입니다.

生徒(せいと) 학생 **作文**(さくぶん) 작문 **ニュース** 뉴스 **やる** 하다 **博物館**(はくぶつかん) 박물관 | **買物**(かいもの) 쇼핑 **テープ** 테이프 **〜ずつ** 〜씩

STEP 2 이것만은 꼭 알아두세요.

▷ 5단동사 ~**せる** ~하게 하다(시키다)

사역(使役)이란, 말 그대로 다른 사람에게 어떤 행위나 동작을 명령하거나, 또는 요구하여 그대로 실행하게 하는 것을 말합니다. 일본어의 사역형은 동사의 부정형, 즉 ない가 접속하는 형태에 せる(させる)를 접속하여 우리말의 「~하게 하다, ~시키다」의 뜻을 나타냅니다. 5단동사의 어미가 く·ぐ·つ·る·う인 경우에는 か·が·た·ら·わ로 바꾸어 せる를 접속하면 사역형이 됩니다.

기본형	의 미	사역형	의 미
行(い)く	가다	行かせる	가게 하다
急(いそ)ぐ	서두르다	急がせる	서두르게 하다
待(ま)つ	기다리다	待たせる	기다리게 하다
乗(の)る	타다	乗らせる	타게 하다
買(か)う	사다	買わせる	사게 하다

母は おとうとに 買物に 行かせました。

어머니는 동생에게 쇼핑을 보냈습니다.

STEP 3 패턴 문형 연습

보기처럼 주어진 말을 우리말 뜻에 맞게 문장을 바꿔 보세요.

──── | 보기 |

学生がテープを聞く　　　　　　학생이 테이프를 듣다

➔ 学生にテープを聞かせました。　학생에게 테이프를 듣게 했습니다.

① おとうとが品物を買う　➔ _____ 。

동생에게 물건을 사게 했습니다.

② 一人ずつ行く　➔ _____ 。

한 사람씩 가게 했습니다.

학습일

自分の意見を話させます。

자신의 의견을 말하게 합니다.

A   木村さんは英語をどのように教えていますか。

B   まず、わたしが読んでから、ひとりひとり当てて読ませます。

A   そのあとは?

B   読ませたあとは自分の意見を話させます。

A   기무라 씨는 영어를 어떻게 가르치고 있습니까?
B   먼저, 제가 읽고 나서, 한 명 한 명 지목해 읽게 합니다.
A   그 다음은요?
B   읽게 한 다음은 자신의 의견을 말하게 합니다.

当(あ)てる (어떤 일을 시키기 위해) 지명하다   自分(じぶん) 자신, 자기   意見(いけん) 의견
飛(と)ぶ 날다   無理(むり) 무리   餌(えさ) 먹이   やわらかい 부드럽다   猫(ねこ) 고양이

STEP 2 이것만은 꼭 알아두세요.

▷ 5단동사 **~せる** ~하게 하다(시키다)

5단동사의 어미가 む·ぶ·ぬ·す인 경우는 ま·ば·な·さ로 바꾸어 せる를 접속하면 사역형이 됩니다.

기본형	의 미	사역형	의 미
飲(の)む	마시다	飲ませる	마시게 하다
飛(と)ぶ	날다	飛ばせる	날게 하다
死(し)ぬ	죽다	死なせる	죽게 하다
話(はな)す	이야기하다	話させる	이야기하게 하다

飛べない 鳥を 無理に 飛ば**せる**。

날지 못하는 새를 무리하게 날게 하다.

餌を やらなくて 鳥を 死な**せました**。

먹이를 주지 않아서 새를 죽게 했습니다.

酒を 一服も 飲めないのに 無理に **飲ませました**。

술을 한 모금도 마시지 못하는데 무리하게 마시게 했습니다.

STEP 3 패턴 문형 연습

보기처럼 주어진 말을 우리말 뜻에 맞게 문장을 바꿔 보세요.

| 보기 |

本を読む　　　　책을 읽다

➡ 本を読ませました。　책을 읽게 했습니다.

① 鳥が飛ぶ　➡ _____ 。

새를 날게 했습니다.

② 猫が死ぬ　➡ _____ 。

고양이기를 죽게 했습니다.

학습일

1단동사와 변격동사의 사역형

質問をして答えさせるんです。

질문을 해서 대답하게 합니다.

입에 착착!

STEP 1 여러 번 듣고 소리내어 반복해서 읽어보세요.

A 録音したニュースを聞かせたあとどうするんですか。

B いろいろな質問をして答えさせるんです。

A そうやって、練習をさせるんですね。

B はい、きっと英語が 上手になりますよ。

A 녹음한 뉴스를 듣게 한 후 어떻게 합니까?
B 여러 가지 질문을 해서 대답하게 합니다.
A 그렇게 해서 연습을 시키는 거군요.
B 네, 반드시 영어를 잘하게 될 거예요.

録音(ろくおん)する 녹음하다 **いろいろな** 여러가지 **質問(しつもん)** 질문 **答(こた)える** 답하다

STEP 2 이것만은 꼭 알아두세요.

▷ **1단동사 ~させる** ~하게 하다(시키다)

상1단동사나 하1단동사의 사역형은 동사임을 결정하는 る를 떼어내고 させる
를 접속하면 됩니다.

기본형	의 미	사역형	의 미
見(み)る	보다	見させる	보게 하다
寝(ね)る	자다	寝させる	자게 하다

母が 子供に 服を 着させました。 어머니가 아이에게 옷을 입게 했습니다.

▷ **변격동사 ~させる** ~하게 하다(시키다)

변격동사인 くる는 こさせる이고, する는 させる입니다.

기본형	의 미	사역형	의 미
来(く)る	오다	こさせる	오게 하다
する	하다	させる	하게 하다

木村さんを ここに 来させます。 기무라 씨를 이리로 오게 하겠습니다.

STEP 3 패턴 문형 연습

보기처럼 주어진 말을 우리말 뜻에 맞게 문장을 바꿔 보세요.

───| 보기 |

映画を見る　　　　　　　영화를 보다

➜ 映画を見させました。　영화를 보게 했습니다.

① 子供が寝る　　➜ _____ 。
　　　　　　　　　아이를 자게 했습니다.

② パンを食べる　➜ _____ 。
　　　　　　　　　빵을 먹게 했습니다.

학습일

사역형의 활용

果汁を凍らせればできあがるんですか。

과즙을 얼리면 완성되는 겁니까?

STEP 1 여러 번 듣고 소리내어 반복해서 읽어보세요.

A シャーベットはどう作るか知っていますか。

B ええ、シャーベットは果汁を凍らせて作ります。

A 果汁を凍らせればできあがるんですか。

B はい、簡単でしょう。

A 셔벗은 어떻게 만드는지 알고 있습니까?

B 네, 셔벗은 과즙을 얼려서 만듭니다.

A 과즙을 얼리면 완성되는 겁니까?

B 네, 간단하죠.

シャーベット 셔벗 **どう** 어떻게 **果汁**(かじゅう) 과즙 **凍**(こお)**る** 얼다 **出来上**(できあ)**がる** 완성되다, 다 되다 **簡単**(かんたん)**だ** 간단하다 | **他人**(たにん) 타인 **絶対**(ぜったい)**に** 절대로 **スーパー** 슈퍼(마켓)

STEP 2   이것만은 꼭 알아두세요.

▷ **사역형의 활용법**

사역의 의미를 나타내는 (さ)せる는 형태상 끝음절인 る 바로 앞의 음이 え단에
속하므로 하1단동사와 마찬가지로 활용을 합니다.

先生は 学生に テープを 聞か**せる** ことも あります。

선생님은 학생에게 테이프를 듣게 하는 경우도 있습니다.

この 仕事は 他人を 絶対に **さ**せ**ない**。

이 일은 다른 사람을 절대로 시키지 않겠다.

わたしに 作ら**せば**、もっと 上手に 作ります。

나에게 만들게 하면 더욱 잘 만들겠습니다.

人を 一度も 待た**せた** ことが ありません。

사람을 한 번도 기다리게 한 적이 없습니다.

STEP 3   패턴 문형 연습

보기처럼 주어진 말을 우리말 뜻에 맞게 문장을 바꿔 보세요.

─────────────────────────── | 보기 |

スーパーへ 行く / ことも ある   슈퍼에 간다 / 경우도 있다

➡ スーパーへ 行かせる ことも あります。   슈퍼에 가게 하는 경우도 있습니다.

① テープを 聞く / 作文を 書く   ➡ _____ 。

테이프를 듣게 하기도 하고 작문을 쓰게 하기도 합니다.

② 子供一人で 行く / ことはない   ➡ _____ 。

아이 혼자서 가게 한 적은 없습니다.

Unit 05

학습일

사역형의 간접적인 희망 표현

あの仕事は私にやらせてください。

그 일을 제가 하겠습니다.

입에 착착!

STEP 1 여러 번 듣고 소리내어 반복해서 읽어보세요.

A あの仕事はわたしにやらせてください。

B いや、この仕事は他人に絶対にさせない。

A わたしに作らせば、もっといい商品を作れますよ。

B それでもだめだ。

A   그 일을 저에게 맡겨 주십시오.
B   아니, 이일은 다른 사람에게 절대로 시키지 않을 거야.
A   저에게 만들게 하면, 더 좋은 상품을 만들 수 있어요.
B   그래도 안 돼.

商品(しょうひん) 상품 **だめだ** 안 된다, 못쓰다 | **食事代(しょくじだい)** 식사대 **払(はら)う** 지불하다 **泊(と)まる** 머물다

▷ **동사 ~(さ)せてください** ～하게 해 주세요

사역형의 て형에 의뢰나 요구를 할 때 쓰이는 ください를 접속하면 직접적으로 어떤 행동을 「～하게 해 주세요」, 「～시켜 주세요」의 뜻 이외에, 일본어의 특징으로서 「～하고 싶습니다」라는 뜻으로 자신의 간접적인 희망의 뜻을 나타내기도 합니다.

ちょっと 休(やす)ま**せてください**。

좀 쉬게 해 주십시오 / 쉬고 싶습니다.

今日(きょう)は わたしに 食事代(しょくじだい)を 払(はら)わ**せてください**。

오늘은 저에게 식사비를 지불하게 해 주세요 / 제가 내겠습니다.

今晩(こんばん)は ここで 泊(と)まら**せてください**。

오늘밤은 여기서 머물게 해 주세요 / 머물고 싶습니다.

それに ついては わたしにも 書(か)か**せてください**。

그것에 대해서는 나에게 쓰게 해 주세요 / 쓰고 싶습니다.

보기처럼 주어진 말을 우리말 뜻에 맞게 문장을 바꿔 보세요.

| 보기 |

ちょっと 休(やす)みたいです。   잠깐 쉬고 싶습니다.

➔ ちょっと 休(やす)ませてください。   잠깐 쉴게요.

① これはわたしが 買(か)いたいです。   ➔ _____ 。

이건 제가 살게요.

② 東京(とうきょう)へはわたしが 行(い)きたいです。 ➔ _____ 。

도쿄에는 제가 갈게요.

사역형의 의지 표현

喜んでやらせてもらいます。

기꺼이 하겠습니다.

STEP 1 여러 번 듣고 소리내어 반복해서 읽어보세요.

A だれか、この仕事(しごと)を引(ひ)き受(う)けてくれませんか。

B ぼくにやらせてください。

A ほんとうに引(ひ)き受(う)けてもらっていいですか。

B ええ、いいですよ。喜(よろこ)んでやらせてもらいます。

A 누군가, 이 일을 맡아 주지 않을래요?

B 저에게 맡겨 주십시오.

A 정말 맡겨도 괜찮겠어요?

B 네, 괜찮아요. 기꺼이 하겠습니다.

仕事(しごと) 일　**引(ひ)き受(う)ける** 맡다, 인수하다　**喜(よろこ)んで** 기꺼이 | **臨時(りんじ)** 임시　**休業(きゅうぎょう)** 휴업　**辞(や)める** 그만두다

STEP 2 이것만은 꼭 알아두세요.

▷ **동사 ~(さ)せてもらう** ~시켜서 받다

~(さ)せてもらう는 직역하면 「~시켜서 받다」로 해석되지만, 이것은 자신에게 어떤 행동을 할 기회를 달라는 뜻으로 정중한 표현은 ~(さ)せていただく입니다. 또, ~(さ)せてもらう는 다른 사람의 허가를 얻어서 비로소 행동하는 듯한 느낌을 주지만, 실제로는 자신의 의지를 강하게 나타내는 표현입니다.

今度 会社を 辞めさせてもらいます。 이번에 회사를 그만두겠습니다.

3日間 臨時 休業させていただきます。 3일간 임시휴업하겠습니다.

▷ **의지의 표현**

① わたしが やります。 ② わたしに やらせてください。

③ わたしに やらせてもらいます。

말하는 사람의 의지를 나타내는 표현에는 위의 세 가지를 들 수 있습니다. ①은 말하는 사람의 의지를 직접적으로 나타내는 형태이고, ②는 상대의 허가를 받는 듯한 느낌의 의지 표현이고, ③은 상대의 허가를 구하는 듯한 형식이지만 실제로는 말하는 사람의 강한 의지를 나타냅니다.

STEP 3 패턴 문형 연습

보기처럼 주어진 말을 우리말 뜻에 맞게 문장을 바꿔 보세요.

| 보기 |

会社を辞める   회사를 그만두다

➔ 会社を辞めさせていただきます。 회사를 그만두겠습니다.

① 手紙を書く   ➔ _____ 。
             편지를 쓰겠습니다.

② 1週間休む   ➔ _____ 。
             1주일간 쉬겠습니다.

かっこういい

젊은이들은 새로운 말이나 표현을 만들어서 일상의 대화에서 세대차를 느끼게 만들기도 합니다.

일찍이 일본에서 **cool** (영어의 속어)을 의미하는 **いかす**(멋지다)라는 말이 유행한 적이 있습니다.

오늘날에 이 말은 **かっこういい**라는 용어로 바뀌었습니다.

예를 들면 젊은이들은 자신들의 취향에 딱 맞는 것이라고 인정하면 **かっこういい**라고 외칩니다.

그것이 자동차이든 의상이든 남자이든, 또한 노래이든 말입니다.

이 **かっこういい**는 보기에 좋은 것을 강조하고 영어의 속어로 「야, 저 녀석은 세련됐어!」라든가 「정말 멋진 헤어스타일이야!」가 쓰이는 것과 마찬가지입니다.

물론 어른에게는 이런 것들은 아무런 의미도 없지만, 외관만을 중요시하는 요즘 젊은이들의 경향을 바로 반영하는 것입니다.

どちらでもいい

다방이나 레스토랑에 들어가서 상대에게 메뉴를 보이면 선택을 요구하면 으레 「아무거나」라고 대답을 하는 경우가 많습니다. 일본인도 우리와 마찬가지로 묻는 상대에게 맡겨버리는 경우가 많습니다. 그것이 바로 **どちらでもいい**입니다.

どちらでもいい는 생각하고 있는 것이 명료하게 나타나지 않을 때 주로 쓰이는 표현으로 음료나 식사비를 지불하는 상대측에게 그 결정을 맡긴다는 겸손에서 온 것입니다.

또 다른 예로는 남편이 아내에게 모처럼 외식을 권유하면서 「중국요리와 일본요리 어느 쪽이 좋아?」라고 묻자, **どちらでもいい**라고 아내가 무뚝뚝하게 대답합니다. ―「어떻게 대답해도 마찬가지예요. 결국은 가지 않을 테니까.」

13

수동표현 (ら)れる형
익히기

학습일

途中で雨に降られました。

도중에 비를 맞았습니다.

입에 착착!

STEP 1 여러 번 듣고 소리내어 반복해서 읽어보세요.

A 日曜日はいかがでしたか。

B 釣りに行ったんですが、途中で雨に降られました。

A お母さんが心配したでしょう。

B 朝、傘を持って行かなくて、母に叱られました。

A 일요일은 어땠습니까?

B 낚시를 갔는데 도중에 비를 맞앗습니다.

A 어머님이 걱정하셨겠네요.

B 아침에 우산을 갖고 가지 않아서 어머니께 꾸중들었습니다.

いかが 어떻게 **釣(つり)** 낚시 **途中(とちゅう)** 도중. 중도 **傘(かさ)** 우산 **叱(しか)る** 꾸짖다
かみなり 벼락 **打(う)つ** 치다

STEP 2 이것만은 꼭 알아두세요.

▷ **5단동사 ~れる ①**

수동(受動) 표현은 주어의 의지로 행동이 이루어지는 것이 아니라, 주어가 자기 의지와는 관계없는 요인으로 행동을 받게 되는 경우에 쓰입니다. 또 수동의 대상어가 될 때는 조사 に가 오는 것이 일반적이며, 때로는 から가 오는 경우도 있습니다. 5단동사의 수동형은 어미 う단이 あ단으로 바뀌어 수동의 뜻을 나타내는 조동사 れる가 접속합니다. 즉, 앞서 배운 사역형과 동일하며 5단동사의 어미가 く・ぐ・つ・る・う인 경우에는 か・が・た・ら・わ로 바꾸어 れる를 접속하면 사역형이 됩니다. 활용은 하1단동사와 동일합니다.

> お母さんは 子供を 叱りました。
>
> 어머니는 아이를 꾸짖었습니다.
>
> → 子供は お母さんに 叱ら**れました**。
>
>   아이는 어머니에게 꾸중 들었습니다.
>
> 車に ひか**れない**ように 気を つけてね。
>
> 차에 치이지 않도록 조심해요.

STEP 3 패턴 문형 연습

보기처럼 주어진 말을 수동 표현으로 바꿔 보세요.

| 보기 |

先生が叱る   선생님이 꾸짖다

➡ 先生に叱られる   선생님께 꾸중 듣다

---

① 雨が降る   ➡ _____ 。
                 비를 맞다

② かみなりが打つ   ➡ _____ 。
                 벼락을 맞다

5단동사의 수동형

家内にケーキを頼まれました。

아내에게 케이크를 부탁받았습니다.

입에
착착!

STEP 1 여러 번 듣고 소리내어 반복해서 읽어보세요.

A 奥_{おく}さんに何_{なん}か頼_{たの}まれましたか。

B ええ、家内_{かない}にケーキを頼_{たの}まれました。

A 木村_{きむら}さんは家庭的_{かていてき}ですね。

B よく言_いわれますよ。

A 부인께 뭔가 부탁받았습니까?
B 네, 아내에게 케이크를 부탁받았습니다.
A 기무라 씨는 가정적이시군요.
B 자주 들어요.

奥(おく)さん (남의) 부인   頼(たの)む 부탁하다   家内(かない) (자신의) 아내   家庭的(かてい てき)だ 가정적이다   観光(かんこう) 관광 │ 案内(あんない) 안내   財布(さいふ) 지갑   盗 (ぬす)む 훔치다   どろぼう 도둑   踏(ふ)む 밟다

STEP 2 이것만은 꼭 알아두세요.

▷ 5단동사 ~れる ②

5단동사의 어미가 む·ぶ·ぬ·す인 경우는 ま·ば·な·さ로 바꾸어 れる를 접속하면 수동형이 됩니다.

木村さんは わたしに 観光案内を 頼みました。

기무라 씨는 나에게 관광안내를 부탁했습니다.

→ わたしは 木村さんに 観光案内を 頼ま**れました**。

나는 기무라 씨에게 관광안내를 부탁받았습니다.

どろぼうが わたしの 財布を 盗みました。

도둑이 내 지갑을 훔쳤습니다.

→ わたしの 財布を どろぼうに **盗まれました**。

내 지갑을 도둑에게 도둑맞았습니다.

STEP 3 패턴 문형 연습

보기처럼 주어진 말을 수동 표현으로 바꿔 보세요.

| 보기 |

案内を頼む   안내를 부탁하다

➔ 案内を頼まれる   안내를 부탁받다

① 人が呼ぶ   ➔ _____。

사람에게 호출받다

② 足を踏む   ➔ _____。

발을 밟히다

1단동사와 변격동사의 수동형

학습일

優しいし、皆に尊敬されてるよ。

상냥하고 해서 모두에게 존경받고 있어.

입에 착착!

STEP 1 여러 번 듣고 소리내어 반복해서 읽어보세요.

A 授業(じゅぎょう)はどうだったの。

B しっかり予習(よしゅう)して行(い)ったので、先生(せんせい)に誉(ほ)められたよ。

A そう？ 上田君(うえだくん)はいい子(こ)だね。先生(せんせい)はどんなかたなの?

B とても優(やさ)しいし、みんなに尊敬(そんけい)されてるよ。

A 수업은 어땠어?
B 확실히 예습해 가서, 선생님한테 칭찬받았어.
A 그래? 우에다는 착한 아이네. 선생님은 어떤 분이니?
B 매우 상냥하고, 모두에게 존경받고 있어.

授業(じゅぎょう) 수업　予習(よしゅう)する 예습하다　誉(ほ)める 칭찬하다　優(やさ)しい 상냥하다　尊敬(そんけい)する 존경하다 ｜ 遠足(えんそく) 소풍　決(き)める 정하다　捨(す)てる 버리다

188

STEP 2   이것만은 꼭 알아두세요.

▷ **1단동사 ~られる**

상1단동사나 하1단동사의 수동형은 동사임을 결정하는 る를 떼어내고 られる
를 접속하면 됩니다.

お母さんは 弟を 誉めました。

어머니는 동생을 칭찬했습니다.

→ 弟は お母さんに 誉め**られました**。

동생은 어머니에게 칭찬받았습니다.

▷ **변격동사의 수동형**

변격동사인 くる의 수동형은 こられる이고, する는 される입니다.

みんな 木村先生を 尊敬しています。

모두 기무라 선생님을 존경하고 있습니다.

→ 木村先生は みんなに 尊敬**されて**います。

기무라 선생님은 모두에게 존경받고 있습니다.

STEP 3   패턴 문형 연습

보기처럼 주어진 말을 수동 표현으로 바꿔 보세요.

┌─────────────────────────────────────── | 보기 |
│ 先生が誉める   선생님이 칭찬하다
│ ➡ 先生に誉められる   선생님께 칭찬받다
└───────────────────────────────────────

① 遠足の日が決める   ➡ _____ 。

　　　　　　　　　　　소풍날이 정해지다

② 人が捨てる   ➡ _____ 。

　　　　　　　　　　　사람에게 버림받다

피해의 수동 표현

子供に泣かれてよく眠れませんでした。

아이가 울어서 잠을 설쳤습니다.

입에 착착!

STEP 1 여러 번 듣고 소리내어 반복해서 읽어보세요.

A 田中さん、ゆうべ何かあったんですか。

B 急に友達に来られて 宿 題ができなかったです。

A だから 宿 題ができなかったんだ。

B ええ、しかも夜中には子供に泣かれてよく眠れ
ませんでした。

A 다나카 씨, 어젯밤 무슨 일 있었어요?

B 갑자기 친구가 와서 숙제를 할 수 없었습니다.

A 그래서 숙제를 못했군.

B 네, 게다가 밤중에는 아이가 울어서 잠을 설쳤습니다.

急(きゅう)に 갑자기　**夜中(よなか)** 밤중　**眠(ねむ)る** 자다 ｜ **足(あし)** 발　**泣(な)く** 울다
隣(となり) 이웃

STEP 2 이것만은 꼭 알아두세요.

▷ 피해의 수동(자동사)

일본어의 수동표현에 있어서 직접적으로 행동을 받는 수동 이외에, 상대방이나 다른 것의 행동으로 인하여 자기가 피해를 받는다고 생각하는 경우에 습관적으로 수동 표현을 씁니다. 이것을 피해의 수동이라고 하며 일본어에만 있는 독특한 표현으로 자동사를 수동형으로 하는 경우가 많습니다. 또한 피해의 원인이 되는 대상을 나타내는 명사 뒤에는 조사 に를 씁니다.

友達に 来られて 宿題も できなかった。

친구가 와서 숙제도 할 수 없었다.

▷ 피해의 수동(타동사)

자동사의 경우 수동형을 쓰면 거의 피해의 수동이 되지만, 타동사의 경우도 정신적으로 피해를 받을 경우에 수동 표현을 씁니다.

電車の 中で 足を 踏まれました。

전철 안에서 발을 밟혔습니다.

STEP 3 패턴 문형 연습

보기처럼 주어진 말을 우리말 뜻에 맞게 문장을 완성해 보세요.

| 보기 |

子供が泣く / 困る   아이가 울다 / 난처하다

➜ 子供に泣かれて困りました。   아이가 울어서 난처했습니다.

---

① 彼は早く帰る / 困る   ➜ _____ 。

그가 일찍 돌아가버려서 곤란했습니다.

② 隣の人がタバコを吸う / いやだ   ➜ _____ 。

옆 사람이 담배를 피워서 싫었습니다.

무생물의 수동 표현

何で造られたんですか。

뭘로 만들어졌습니까?

STEP 1 여러 번 듣고 소리내어 반복해서 읽어보세요.

A このお寺(てら)はずいぶん古(ふる)いですね。

B はい、このお寺(てら)は千年前(せんねんまえ)に建(た)てられました。

A 千年(せんねん)も？ すごいですね。何(なに)で造(つく)られたんですか。

B このお寺(てら)は木造(もくぞう)です。

A 이 절은 무척 오래되었군요?
B 네, 이 절은 천 년 전에 세워졌습니다.
A 천년이나? 대단하군요. 뭘로 만들어졌습니까?
B 이 절은 목조입니다.

お寺(てら) 절, 사찰 **建(た)てる** (건물을) 짓다 **すごい** 대단하다, 굉장하다 **造(つく)る** 만들다
木造(もくぞう) 목조 │ **豆腐(とうふ)** 두부 **大豆(だいず)** 콩 **工場(こうじょう)** 공장
生産(せいさん) 생산 **殴(なぐ)る** 때리다 **儀式(ぎしき)** 의식 **国際(こくさい)** 국제

192

STEP 2 이것만은 꼭 알아두세요.

▷ **동사 ~(ら)れる** ~어지다, ~되다

~(ら)れる가 무생물이 주어를 나타낼 때는 「~받다, ~당하다」의 뜻이 아니라 「~
어지다, ~되다」의 뜻으로 상태의 변화를 나타냅니다.

豆腐は 大豆から 作**られます**。 두부는 콩으로 만들어집니다.

この 工場では テレビが 生産**されて**います。
이 공장에서는 텔레비전이 생산되고 있습니다.

▷ **타동사의 직접수동**

타동사의 직접수동은 「~は ~に ~(ら)れる(~은 ~에게 ~받다, ~당하다)」의 형태
를 취하며, 가해자보다 피해자 쪽에 초점을 두어 그 피해를 강조하거나, 은혜를
베푸는 쪽보다 은혜를 받는 쪽을 주체로 하여 그 은혜를 크게 보이게 할 때 쓰입
니다.

彼は 友達に 殴**られました**。 그는 친구에게 맞았습니다.

僕は 先生に 誉**められました**。 나는 선생님께 칭찬받았습니다.

STEP 3 패턴 문형 연습

보기처럼 주어진 말을 우리말 뜻에 맞게 문장을 바꿔 보세요.

| 보기 |

あそこで 儀式を 行っている　　　저기서 의식을 행하고 있다

➡ あそこで 儀式が 行われています。 저기서 의식이 행해지고 있습니다.

① この 会場で 国際会議を 開く ➡ _____。
이 회의장에서 국제회의가 열립니다.

② この 工場で 車を 生産している ➡ _____。
이 공장에서 차가 생산되고 있습니다.

수동형의 여러 가지 용법

入院した母のことが案じられます。

입원한 어머니가 걱정됩니다.

> **STEP 1** 여러 번 듣고 소리내어 반복해서 읽어보세요.

A 三浦さん、何か心配事でもあるんですか。

B ええ、実は病気で入院した母のことが案じられ
ます。

A そうですか。それは心配ですね。いつ退院され
る予定ですか。

B まだはっきりわかりません。

A 미우라 씨, 뭔가 걱정거리라도 있습니까?

B 네, 실은 아파서 입원하신 어머니가 걱정됩니다.

A 그렇습니까? 걱정되겠네요. 언제 퇴원하실 예정입니까?

B 아직 확실히 모릅니다.

心配事(しんぱいごと) 걱정거리 **実**(じつ)**は** (사)실은 **入院**(にゅういん)**する** 입원하다
案(あん)**じる** 걱정하다, 생각하다 **退院**(たいいん)**する** 퇴원하다 **はっきり** 확실히, 분명히
寂(さび)**しい** 쓸쓸하다 **姿**(すがた) 모습 **総理**(そうり) 총리 **田舎**(いなか) 시골

194

STEP 2 이것만은 꼭 알아두세요.

▷ **동사 ~(ら)れる** ~할 수 있다, ~하시다, ~어지다

(ら)れる는 수동의 용법만이 아니라 가능(~할 수 있다), 존경(~하시다), 자발(自発)의 용법으로도 쓰입니다. 각기 문맥에 따라 해석을 달리해야 합니다. (ら)れる가 자발의 용법으로 쓰일 때는 심리적인 활동을 나타내는 동사에만 쓰입니다. 이것은 일부러 어떤 행동을 하려는 것이 아니라 저절로(자연히) 그렇게 되다라는 뜻을 나타냅니다. 자발의 대표적인 동사를 보면「思(おも)う 생각하다, 感(かん)じる 느끼다, 案(あん)じる 걱정하다, 思(おも)い出(だ)す 생각나다」등이 있습니다.

何(なん)だか 今晩(こんばん)は 寂(さび)しく 感(かん)じ**られます**。

왠지 오늘밤은 쓸쓸하게 느껴집니다. (자발)

ゆうべは 亡(な)き祖母(そぼ)の 姿(すがた)が 思(おも)い出(だ)**されました**。

어젯밤은 돌아가신 할머니 모습이 떠올랐습니다. (자발)

総理(そうり)は 午後(ごご) 会議(かいぎ)に 出(で)**られる** 予定(よてい)です。

총리는 오후 회의에 나가실 예정입니다. (존경)

STEP 3 패턴 문형 연습

보기처럼 주어진 말을 우리말 뜻에 맞게 문장을 바꿔 보세요.

| 보기 |

田舎(いなか)の母(はは)のことを案(あん)じる　　　시골 어머니를 걱정하다

➔ 田舎(いなか)の母(はは)のことが案(あん)じられます。　시골 어머니가 걱정됩니다.

① 奥(おく)さんは何(なん)だか優(やさ)しく感(かん)じる　➔ ＿＿＿＿＿＿＿＿＿＿＿＿＿＿。

부인은 왠지 상냥하게 느껴집니다.

② 先生(せんせい)が家庭(かてい)を訪問(ほうもん)する　➔ ＿＿＿＿＿＿＿＿＿＿＿＿＿＿。

선생님이 가정을 방문하십니다.

おつかれさま

우리가 흔히 쓰는 「수고하셨습니다」를 일본어로 **お疲(つか)れさま**와 **ご苦労(くろう)さま**로 표현하는데, 일본어에서는 그 사용범위가 좁습니다. 예를 들어 수업이 끝난 뒤에 담당 선생님께 **お疲れさま**, **ご苦労さま**를 쓸 수 없습니다. 왜냐하면 이 말은 손윗사람이 손아랫사람에게 쓸 수 있는 표현이기 때문입니다. 따라서 선생님께는 **ありがとうございました**라고 해야 합니다.

お疲れさま는 회사에서 함께 책상을 마주 대하고 있는 동료간에 일이 끝나 퇴근할 때에 하는 인사 정도로 쓰입니다. 또한 **ご苦労さま**는 물건을 배달해준 사람 등에게 사용하는 말입니다.

とてもいい

만약 여러분이 「이 차의 승차감은 어떻습니까?」라는 질문을 받았을 때에 **とてもいい**(매우 좋다)라는 짧은 표현을 외워두면 매우 유용하게 쓸 수 있습니다.

とても라는 말은 「매우 예쁘다」라든가, 「매우 멋지다」처럼 **きれい**(예쁘다, 깨끗하다), **すばらしい**(멋지다) 따위의 형용사와 함께 쓰이는 경우가 많습니다.

원래 **とても**는 부정의 의미로 쓰이는 말의 **とうてい**(완전히, 불가능한, 절대로)로 올바르게는 도저히 불가능하다는 의미를 나타냈습니다. 그러므로 일본에서 쇼핑을 할 때 점원이 보여 준 상품이 마음에 든다면 **とてもいい**라고 말하면 되고, 가격이라든가 다른 이유로 마음에 들지 않으면 **とてもだめ**(도저히 안돼)라고 거절하면 됩니다.

くいただいて、こちらこそ楽しかったです。
ちらへはどうやって行くのですか。またあ
来てもらえますか。ここの自慢料理は何で
か。地元の人がよく行くレストランはありま

どこですか。何に興味をお持ちですか。ツ
ーは何時間かかりますか。料金はいくらで
か。入場は有料ですか。たくさん取ってくた
いね。無料のパンフレットはありますか。こ
近くにおいしいレストランはありませんか。

경어표현으로 중급
마무리하기

ものかまた来ていません。新しいのと取り
えてください。これはどういう料理ですか。
ぐできますか。静かな奥の席にお願いしま

학습일

존경의 표현

いつお戻りになりましょうか。

언제 돌아오실까요?

입에
착착!

| STEP 1 | 여러 번 듣고 소리내어 반복해서 읽어보세요. |

A　田中先生はしばらく仕事をお休みになるそうで
　　すね。

B　ええ、1　週間前に子供を産みましたので。

A　いつお戻りになりましょうか。

B　たぶん1年ぐらいじゃないでしょうか。

A　다나카 선생님은 잠시 학교를 쉬실 거라고 하더군요.
B　네, 1주일 전에 아이를 낳으셔서요.
A　언제 돌아오실까요.
B　아마, 1년 정도이지 않을까요?

週間(しゅうかん) 주간　産(う)む 낳다　戻(もど)る 되돌아오다 ｜ 社長(しゃちょう) 사장

STEP 2 이것만은 꼭 알아두세요.

▷ **お～になる** ～하시다

우리말에 있어서 존경의 접미어 「～시」를 접속하여 「읽다」를 「읽으시다」로 존경화하는 방법이 있듯이, 일본어에도 존경의 뜻을 가진 동사와 (ら)れる로 표현하는 존경어, 그리고 「お＋동사의 중지형＋になる」로 표현하는 방법이 있습니다. お～になる는 가장 일반적인 존경표현입니다. 단, 존경의 뜻을 가진 동사가 있는 경우는 제외합니다.

先生は いつ頃 お宅に **お帰りになります**か。

선생님은 언제쯤 댁에 돌아오십니까?

先生、この 本を **お読みになりました**か。

선생님, 이 책을 읽으셨습니까?

この 小説は 木村先生が **お書きになりました**。

이 소설은 기무라 선생님이 쓰셨습니다.

社長が これからの 計画を **お話しになりました**。

사장님이 앞으로의 계획을 말씀하셨습니다.

STEP 3 패턴 문형 연습

보기처럼 주어진 말을 존경 표현으로 바꿔 보세요.

─── | 보기 |

先生はもう帰りました。

➔ 先生はもうお帰りになりました。

선생님은 벌써 귀가했습니다.

선생님은 벌써 귀가하셨습니다.

① 田中先生が小説を書きました。 ➔ ＿＿＿＿＿＿＿＿＿＿＿＿＿＿＿＿ 。

다나카 선생님이 소설을 쓰셨습니다.

② これは木村先生が作りました。 ➔ ＿＿＿＿＿＿＿＿＿＿＿＿＿＿＿＿ 。

이것은 기무라 선생님이 만드셨습니다.

존경 동사의 표현

店内で召し上がりますか。

가게 안에서 드시겠습니까?

입에
착착!

STEP 1 여러 번 듣고 소리내어 반복해서 읽어보세요.

A お客さま、何になさいますか。

B わたしはチーズバーガーでお願いします。

A 店内で召し上がりますか。

B いいえ、持ち帰りで。

A 손님, 무엇으로 하시겠습니까?
B 저는 치즈버거로 부탁드립니다.
A 가게에서 드시겠습니까?
B 아니오. 테이크아웃이요.

お客様(きゃくさま) 손님, 고객 **チーズバーガー** 치즈버거 **店内(てんない)** 점내, 가게 안
持(も)ち帰(かえ)る 가지고 가다, 들고 가다

이것만은 꼭 알아두세요.

▷ 존경 동사

일본어 동사 중에는 독립된 어휘 자체로 존경의 뜻을 나타내는 말이 있습니다. 우리말에서도 「드시다, 하시다」 등처럼 따로 분류되어 있고, 이것을 대상에 따라 구분하여 사용하는 것이 중요하듯 일본어에서도 이것을 구분하여 쓰는 것이 중요합니다. 그 대표적인 존경동사를 들면 다음과 같습니다.

보통어	의 미	존경어	의 미
いる	있다	いらっしゃる	계시다
来(く)る	오다		오시다
行(い)く	가다		가시다
する	하다	なさる	하시다
言(い)う	말하다	おっしゃる	말씀하시다
見(み)る	보다	ご覧(らん)になる	보시다
知(し)る	알다	ご存(ぞん)じだ	아시다
食(た)べる	먹다	召(め)し上(あ)がる	드시다
飲(の)む	마시다		

패턴 문형 연습

보기처럼 주어진 말을 존경동사로 바꿔 보세요.

──── | 보기 |

先生(せんせい)は今(いま)どこにいますか。　　선생님은 지금 어디에 있습니까?

➨ 先生(せんせい)は今(いま)どこにいらっしゃいますか。　선생님은 지금 어디에 계십니까?

① 木村先生(きむらせんせい)が言(い)いました。　➨ _____ 。
　　기무라 선생님이 말씀하셨습니다.

② 先生(せんせい)はご飯(はん)を食(た)べています。　➨ _____ 。
　　선생님은 밥을 드시고 계십니다.

그밖에 존경 표현

ここにお名前をお書きください。

여기에 성함을 적어 주십시오.

입에 착착!

STEP 1 여러 번 듣고 소리내어 반복해서 읽어보세요.

A 予約したいんですが、今夜部屋は空いています
か。

B はい、ございます。このカードにお名前をお書
きください。

A 書きました。

B 少々 お待ちください。

A 예약하고 싶은데요, 오늘밤 방은 비어 있습니까?
B 네, 있습니다. 여기 카드에 성함을 적어 주십시오.
A 적었습니다.
B 잠시만 기다려 주십시오.

予約(よやく)する 예약하다 今夜(こんや) 오늘 밤 空(あ)く 비다 カード 카드 お名前(な
まえ) 성함. 이름 │ 案内書(あんないしょ) 안내서 東口(ひがしぐち) 동쪽출입구

202

STEP 2 이것만은 꼭 알아두세요.

▷ **お ~ください**   ~해 주십시오

의뢰나 요구의 표현인 ~てください를 존경 표현으로는 할 때는 「お＋동사의
중지형＋ください」로 나타냅니다.

もう わけ   しょう   ま
申し訳ありませんが、少々お待ちください。

죄송합니다만, 잠시 기다려 주십시오.

あんないしょ   よ
この 案内書を お読みください。 이 안내서를 읽으십시오.

▷ **お ~です**   ~하십니다

동사의 중지형에 존경의 뜻을 나타내는 접두어 お를 붙이고 뒤에 정중한 단정
을 나타내는 です를 접속하면 앞서 배운 お ~になる와 같이 존경의 뜻을 나타
냅니다. お ~です는 동사의 성질에 따라 과거, 현재, 미래의 동작의 상태를 나타
낼 수 있습니다.

ほん   よ
この 本は もう お読みですか。 이 책은 벌써 읽으셨습니까?

こ   なんにん
お子さんは 何人 おありですか。 자제분은 몇 분이십니까?

STEP 3 패턴 문형 연습

보기처럼 주어진 말을 존경의 요구표현으로 바꿔 보세요.

| 보기 |

ひがしぐち ま
東口で待ってください。   동쪽출구에서 기다리세요.

➔ **東口でお待ちください。**   동쪽출구에서 기다리십시오.

せき   すわ
① **この席に座ってください。** ➔ _____ 。

이 자리에 앉으십시오.

はな
② **どうぞゆっくり話してください。** ➔ _____ 。

천천히 말씀해 주십시오.

겸양의 표현

あしたお届けしてもよろしいでしょうか。

내일 보내드려도 괜찮을까요?

STEP 1 여러 번 듣고 소리내어 반복해서 읽어보세요.

A この本を買いたいんですが。

B 少々 お待ちください。在庫をお調べいたします。

A はい。

B こちらの本はあいにく売り切れました。あした
お届けしてもよろしいでしょうか。

A 이 책을 사고 싶은데요,
B 잠시만 기다려 주십시오, 재고를 조사하겠습니다.
A 네.
B 여기 책은 공교롭게 품절입니다. 내일 보내드려도 괜찮을까요?

在庫(ざいこ) 재고   調(しら)べる 조사하다   あいにく 공교롭게, 안타깝게   売(う)り切(き)れ
る 다 팔리다, 매진되다   届(とど)ける 보내다, 전하다, 닿게 하다, 신고하다 │ 見本(みほん) 견본
部長(ぶちょう) 부장   荷物(にもつ) 짐   日程(にってい) 일정   知(し)らせる 알리다

STEP 2   이것만은 꼭 알아두세요.

▷ **お～する** ～해 드리다

일본어 겸양 표현은 단어 자체가 겸양어인 것도 있지만, 일반적으로 동사의 중지형 앞에 접두어 お(ご)를 붙이고, 중지형 뒤에 **する**를 접속하여 만듭니다. **お ～する**는 경우에 따라 「～해 드리다」로 해석되는 경우가 많아 ～**てあげる**로 표현하기 쉬우나, 이것은 상대에게 은혜를 베푸는 것 같은 느낌을 주므로 실례가 되는 경우가 많습니다. 따라서 이럴 때는 **お ～する**로 쓰는 것이 적합합니다. **する** 대신에 **いたす**를 쓰면 더욱 겸양스런 표현이 됩니다.

見本は 来週までに **お送りします**。
견본은 다음 주까지 보내 드리겠습니다.

あしたまでに **お電話で お知らせ致します**。
내일까지 전화로 알려드리겠습니다.

部長、わたしが荷物を **お持ちしましょう**。
부장님, 제가 짐을 들어드리겠습니다.

STEP 3   패턴 문형 연습

보기처럼 주어진 말을 겸양 표현으로 바꿔 보세요.

| 보기 |

お仕事を手伝います   일을 거들겠습니다.

➜ お仕事をお手伝いします。   일을 거들어 드리겠습니다.

① 日程が決まったら知らせます。 ➜ ＿＿＿＿＿＿＿＿＿＿＿＿＿＿＿＿ 。
　　　　　　　　　　　　　　　　일정이 정해지면 알려 드리겠습니다.

② あしたまで待ちます。   ➜ ＿＿＿＿＿＿＿＿＿＿＿＿＿＿＿＿ 。
　　　　　　　　　　　　　　　　내일까지 기다리겠습니다.

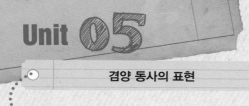

겸양 동사의 표현

はじめまして、木村と申します。

처음 뵙겠습니다, 기무라라고 합니다.

 입에 착착!

STEP 1 여러 번 듣고 소리내어 반복해서 읽어보세요.

A はじめまして。木村（き むら）と申（もう）します。よろしくお願（ねが）
いいたします。

B はじめまして。佐藤（さ とう）です。どうぞよろしく。

A お目（め）にかかれて本当（ほん とう）にうれしいです。

B こちらこそ。

A 처음 뵙겠습니다, 기무라라고 합니다. 잘 부탁드립니다.
B 처음 뵙겠습니다. 사토입니다. 잘 부탁드립니다.
A 뵙게 되어 정말로 기쁩니다.
B 저야말로.

お目（め）にかかる 뵙다　**うれしい** 기쁘다　**～こそ** ~이야말로 │ **若（わか）い** 젊다　**連絡（れん らく）** 연락

STEP 2　이것만은 꼭 알아두세요.

▷ **겸양 동사**

존경동사와 마찬가지로 독립된 그 어휘 자체가 겸양의 뜻을 가진 것이 있습니다. 대표적인 겸양동사를 보면 다음과 같습니다.

보통어	의 미	겸양어	의 미
いる	있다	おる	있다
する	하다	致(いた)す	하다
行(い)く	가다	参(まい)る	가다
来(く)る	오다		오다
会(あ)う	만나다	お目(め)にかかる	만나뵙다
見(み)る	보다	拝見(はいけん)する	뵙다
もらう	받다	いただく	받다
言(い)う	말하다	申(もう)す 申(もう)し上(あ)げる	말씀드리다
食(た)べる	먹다	いただく	먹다
聞(き)く	묻다	うかがう	여쭙다

STEP 3　패턴 문형 연습

보기처럼 주어진 말을 겸양동사로 바꿔 보세요.

───── | 보기 |

先生(せんせい)の若(わか)い時(とき)の写真(しゃしん)を見(み)ました。　선생님의 젊은 시절 사진을 보았습니다.

➔ 先生の若い時の写真を拝見しました。　선생님의 젊은 시절 사진을 보았습니다.

① 連絡(れんらく)はわたしがします。　➔ ＿＿＿＿＿＿＿＿＿＿＿＿＿ 。
연락은 제가 드리겠습니다.

② 前(まえ)に一度(いちど)会(あ)ったことがあります。　➔ ＿＿＿＿＿＿＿＿＿＿＿ 。
전에 한 번 뵌 적이 있습니다.

그밖에 겸양 표현

いつもお世話になっております。

늘 신세를 지고 있습니다.

STEP 1 여러 번 듣고 소리내어 반복해서 읽어보세요.

A　木村（き　む　ら）と申（もう）しますが。

B　木村（き　む　ら）さん、いつもお世話（せ　わ）になっております。

A　渡辺（わたなべ）さんはいらっしゃいますか。

B　渡辺（わたなべ）はただいま出（で）かけておりますが。

A　기무라라고 합니다만.
B　기무라 씨, 늘 신세가 많습니다.
A　와타나베 씨는 계십니까?
B　와타나베는 지금 외출 중입니다만.

お世話(せわ)**になる** 신세를 지다　**ただいま** 방금　**出**(で)**かける** 외출하다. 나가다　|　**お土産**
(みやげ) 선물　**貿易**(ぼうえき) 무역　**勤**(つと)**める** 근무하다　**記事**(きじ) 기사

STEP 2 이것만은 꼭 알아두세요.

▷ **~ておる** ~하고 있다

동사의 て형에 いる의 겸양어인 おる를 접속한 ~ておる는 진행이나 상태를 나타내는 ~ている의 겸양표현으로「~하고 있다」의 뜻입니다.

> わたしは この 学校で 日本語を 教え**ております**。
> 저는 이 학교에서 일본어를 가르치고 있습니다.

▷ **~ていただく** ~해 받다

우리말의「받다」에 해당하는 いただく(もらう)를 동사의 て형에 접속한 ~ていただく는 ~てもらう의 겸양어로써 우리말로 해석하면「~해 받다」의 뜻이 되지만「~해 주시다」로 해석하는 것이 더 자연스럽습니다.

> 先生から 数学を 教え**ていただきました**。
> 선생님께 수학을 배웠습니다.

> 木村課長に お土産を 買っ**ていただきました**。
> 기무라 과장님이 선물을 사 주셨습니다.

STEP 3 패턴 문형 연습

보기처럼 주어진 말을 겸양 표현으로 바꿔 보세요.

─| 보기 |─

兄は今アメリカへ行っています。 형은 지금 미국에 가 있습니다.

➜ 兄は今アメリカへ行っております。 형은 지금 미국에 가 있습니다.

① 父は貿易会社に勤めています。 ➜ ＿＿＿＿＿＿＿＿＿＿。
아버지는 무역회사에 근무하고 계십니다.

② あの記事はもう読んで知っています。 ➜ ＿＿＿＿＿＿＿＿＿＿。
그 기사는 이미 읽어서 알고 있습니다.

Unit 07

학습일

정중의 표현

婦人服は三階でございます。

여성복은 3층입니다.

입에
착착!

STEP 1 여러 번 듣고 소리내어 반복해서 읽어보세요.

A あの、すみません。婦人服の売場は何階です
か。

B 婦人服は 3階でございます。

A ありがとうございます。紳士服も 3階ですか。

B いいえ、4階でございます。

A   저기, 실례합니다. 여성복 매장은 몇 층입니까?
B   여성복은 3층입니다.
A   감사합니다. 신사복도 3층입니까?
B   아니오. 4층입니다.

婦人服(ふじんふく) 여성복   **売場**(うりば) 매장   **何階**(なんがい) 몇 층   **紳士服**(しんしふ
く) 신사복 ┃ **探**(さが)**す** 찾다   **商品**(しょうひん) 상품   **次**(つぎ) 다음   **靴**(くつ) 구두. 신발
高級品(こうきゅうひん) 고급품   **受付**(うけつけ) 접수

STEP 2　이것만은 꼭 알아두세요.

▷ **~です・~ます** ~입니다 · ~합니다

일본에서 가장 일반적이고 정중한 말은 정중한 단정을 나타내는 です와 ます입니다. 이것만 알고 있어도 큰 실수를 하지 않고 일본어를 잘 할 수 있습니다.

> これは わたしの かばん**です**。　이것은 내 가방입니다.

> わたしが 今(いま)行き**ます**。　제가 지금 가겠습니다.

▷ **~でございます** ~입니다

ございます는 あります의 정중한 표현이고, ~でございます는 ~です의 정중체입니다. 그러나 상대방을 확인할 때는 ~でございますか라고 하지 않고, ~でいらっしゃいますか로 표현합니다.

> お探(さが)しの 商品(しょうひん)は こちら**でございます**。　찾으시는 상품은 이쪽입니다.

> 紳士服(しんしふく)の 売場(うりば)は 3階(がい)に **ございます**。　신사복 매장은 3층에 있습니다.

> 山田(やまだ)さん**でいらっしゃいますか**。　야마다 씨이십니까?

STEP 3　패턴 문형 연습

보기처럼 주어진 말을 정중 표현으로 바꿔 보세요.

	보기
次(つぎ)は5階(かい) です。	다음은 5층입니다.
➔ 次は5階 でございます。	다음은 5층입니다.

① この靴(くつ)は高級品(こうきゅうひん)です。　➔ _____ 。
이 구두는 고급품입니다.

② 受付(うけつけ)はあちらです。　➔ _____ 。
접수처는 저쪽입니다.

01 형용사

1. 형용사의 특징

① 자립어로 활용(活用)이 있다.
② 단독으로 술어(述語)가 된다.
③ 주로 사물의 성질이나 상태를 나타낸다.
④ 기본형의 어미는 반드시 い로 끝난다.

2. 형용사의 어간과 어미

우리말의 형용사는 의미로 분류하지만, 일본어의 형용사는 어미의 형태(い)로 분류한다. 일본어 형용사의 어미는 반드시 い로 끝난다.

기 본 형	어 간	어 미	의 미
良い	よ	い	좋다
悪い	わる	い	나쁘다
長い	なが	い	길다
新しい	あたらし	い	새롭다
難しい	むずかし	い	어렵다

3. 형용사의 활용

형용사의 활용은 용법에 따라 어미 い가 かっ, かろ, く, けれ로 변하여 다른 여러 가지 말에 접속한다. 단, 동사와는 달리 명령형이 없으며, 의지나 권유의 뜻을 나타낼 수 없다.
참고로 이 책에서는 일본 학교문법의 틀을 달리하여 우리 실정에 맞게 필자의 의도대로 쉽게 활용의 명칭을 부여하였음을 일러둔다.

212

4. 형용사의 활용표

활용형	활용예	의 미	접속어
기 본 형	**ながい**	길다	기본형
종 지 형	**ながい**	길다	문(文)을 끝맺음
연 체 형	**ながい 時間**	긴 시간	체언
정 중 형	**ながいです**	깁니다	**です**
과 거 형	**ながかった**	길었다	**た**
조 건 형	**ながかったら**	길었다면	**たら**
열 거 형	**ながかったり**	길기도 하고	**たり**
추측형 1	**ながかろう**	길 것이다	**う**
추측형 2	**ながいだろう**	길 것이다	**だろう**
부 사 형	**ながく**	길게	용언
접 속 형	**ながくて**	길고	**て**
부 정 형	**ながくない**	길지 않다	**ない**
가 정 형	**ながければ**	길면	**ば**
명 사 형	**ながさ**	길이	**さ、み、け**

02 형용동사

1. 형용동사의 특징

① 자립어(自立語)이다
② 어미의 활용(活用)이 있고, 단독으로 술어가 된다.
③ 기본형의 어미는 だ이고, 문장체에서는 である로도 쓰인다.
④ 사물의 성질이나 상태를 나타낸다. 이 점은 형용사와 동일하지만 어미의 형태와 활용이 다르다.

2. 형용동사와 동사의 구별

일본어 형용사는 우리말과 달리 두 가지 형태가 있다. 앞서 배운 어미가 い로 끝나는 형용사와, 어미가 だ로 끝나는 형용사가 있는데, 이것을 문법에서는 형용동사라고 한다. 형태만 다를 뿐 상태나 성질을 표현하는 점에서는 동일하다. 그러나 형용동사는 어간이 명사적인 성질이 강한 것이 많다. 우리말의 「명사＋하다」의 형식으로 명사가 동작성이 있는 것(공부하다, 운동하다 등)은 동사이지만, 상태를 나타내는 경우(편리하다, 유명하다 등)는 형용사가 된다. 따라서 우리말의 「명사＋하다」로 되는 형용사의 경우는 대부분 일본어의 형용동사에 해당한다.

有名だ(유명하다)·형용동사　　　**勉強する**(공부하다)·동사
便利だ(편리하다)·형용동사　　　**運動する**(운동하다)·동사

3. 형용동사의 어간과 어미

기본형	어 간	어 미	의 미
静かだ	**静か**	だ	조용하다
有名だ	**有名**	だ	유명하다
好きだ	**好き**	だ	좋아하다
豊かだ	**豊か**	だ	풍부하다

214

4. 형용동사의 활용표

활용형	활용 예	의 미	접속어
기 본 형	静かだ	조용하다	문(文)을 끝맺음
추 측 형	静かだろう	조용할 것이다	う
과 거 형	静かだった	조용했다	た
조 건 형	静かだったら	조용하다면	たら
열 거 형	静かだったり	조용하기도 하고	たり
중 지 형	静かで	조용하고(하며)	
정 중 형	静かです	조용합니다	です
부 정 형	静かでない	조용하지 않다	ない
연 체 형	静かな とき	조용할 때	체언
가 정 형	静かなら(ば)	조용하면	ば
부 사 형	静かに	조용히	용언

5. 형용동사의 활용 예

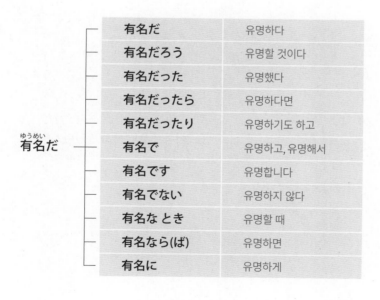

03 동사

1. 일본어 동사의 특징

① 자립어로 활용을 하며 단독으로 술어가 된다.

② 주로 사물의 동작·작용·존재를 나타낸다.

③ 모든 동사의 어미는 う단(段)으로 끝나며 9가지가 있다.

④ 모든 동사가 규칙적으로 정격활용을 하고, 불규칙적으로 활용하는 변격동사는 두 가지뿐이다.

⑤ 자동사와 타동사가 따로 분리되어 있으며, 예외적으로 자·타동사가 한 단어에 포함되어 있는 동사도 있다.

2. 동사의 종류

(1) 5단활용동사(五段活用動詞)

줄여서 5단동사라고도 하며, 어미가 く·ぐ·つ·る·う·ぬ·ぶ·む·す로 모두 9가지가 있다.

書く [ka ku]	쓰다	
泳ぐ [oyo gu]	헤엄치다	
待つ [ma tsu]	기다리다	
乗る [no ru]	타다	
言う [i u]	말하다	어미가 う단 으로 끝난다
死ぬ [si nu]	죽다	
遊ぶ [aso bu]	놀다	
読む [yo mu]	읽다	
話す [hana su]	이야기하다	

(2) 상1단활용동사(上一段活用動詞)

줄여서 상1단동사라고도 하며 끝 음절이 る이며, る바로 앞의 음절이 い단에 속한 것을 말한다.

見る [mi ru]	보다	
起きる [oki ru]	일어나다	

┘ 끝 음절이 る이다

(3) 하1단활용동사(下一段活用動詞)

상1단동사와 마찬가지로 끝 음절이 る이며, る 바로 앞 음절이 え단에 속한 것을 말한다.

寝る [ne ru]	자다	
食べる [tabe ru]	먹다	

┘ 끝 음절이 る이다

(4) 변격활용동사(変格活用動詞)

변칙적으로 활용을 하는 동사는 くる(오다)와 する(하다)뿐이다.

3. 동사의 구별 방법

동사의 종류를 구별하는 이유는 각기 활용이 다르기 때문이다. 매우 중요하므로 잘 익혀두어야 한다.

단＼행	あ行	か行	が行	さ行	た行	な行	ば行	ま行	ら行	비고
あ段	あ a	か ka	が ga	さ sa	た ta	な na	ば ba	ま ma	ら ra	5단동사결정
い段	い i	き ki	ぎ gi	し si	ち chi	に ni	び bi	み mi	り ri	상1단동사 결정
う段	う u	く ku	ぐ gu	す su	つ tsu	ぬ nu	ぶ bu	む mu	る ru	동사 어미
え段	え e	け ke	げ ge	せ se	て te	ね ne	べ be	め me	れ re	하1단동사 결정
お段	お o	こ ko	ご go	そ so	と to	の no	ぼ bo	も mo	ろ ro	5단동사결정

4. 동사의 활용

일본어 동사도 우리말의 동사와 마찬가지로 뒤에 접속되는 말에 따라 어미가 변한다. 이것을 활용(活用)이라고 한다.

일본어 동사의 활용형의 용어는 학교문법과 외국인을 대상으로 하는 사회문법으로 구분된다. 이 책에서는 학교문법에서 쓰이는 용어를 이해하기 쉽도록 여러 가지 접속어에 따라 분류하였다.

활용형	접속어	예	의 미
기본형	文을 끝맺음	のむ	마시다
부정형	ない	のまない	마시지 않다
중지형	文을 중지함	のみ	마심
정중형	ます	のみます	마십니다
과거형	た	のんだ	마셨다
조건형	たら	のんだら	마신다면
열거형	たり	のんだり	마시기도 하고
접속형	て	のんで	마시고
연체형	체언	のむ 時	마실 때
가정형	ば	のめば	마시면
명령형	명령으로 끝맺음	のめ	마셔라
가능형	eる	のめる	마실 수 있다
의지형	う、よう	のもう	마시자

5. 동사의 음편

5단동사에서 어미의 형태에 따라 음이 い, っ, ん으로 변하는 것을 음편(音便)이라고 한다.
① 접속조사 て가 이어질 때,
② 과거·완료를 나타내는 조동사 た가 접속할 때
③ た의 조건형인 たら가 접속할 때
④ 동작을 나열할 때 쓰이는 조사 たり가 접속할 때

(1) い音便

어미가 く, ぐ로 끝나는 5단동사는 어미가 い로 바뀌어 접속조사 て가 접속된다. 단, ぐ로 끝나는 동사는 어미 音의 영향을 받아 で로 탁음화된다.

어미	て	기본형	て형
~く	~いて	歩く	歩いて
~ぐ	~いで	泳ぐ	泳いで

(2) つまる音便

어미가 つ, る, う로 끝나는 5단동사에 접속조사 て가 이어질 때 어미는 促音(っ)으로 바뀐다.

어미	て	기본형	て형
~つ	~って	待つ	待って
~る	~って	乗る	乗って
~う	~って	会う	会って

(3) はねる音便

어미가 む, ぶ, ぬ로 끝나는 5단동사에 접속조사 て가 이어질 때 어미는 撥音(ん)으로 바뀐다. 이 때 접속조사 て는 撥音의 영향을 받아 で로 변한다.

어미	て	기본형	て형
~む	~んで	読む	読んで
~ぶ	~んで	呼ぶ	呼んで
~ぬ	~んで	死ぬ	死んで

(4) 例外

5단동사 중에 어미가 す로 끝나는 것은 ます가 접속될 때와 마찬가지로 음편을 하지 않는다. 또, 단 하나 行く(가다)는 い音便을 하지 않고 つまる音便을 한다.

04 조동사

1. 조동사란?

조동사(助動詞)란 활용을 하는 부속어로 체언에 접속되는 것도 있지만, 주로 용언에 접속되어 여러 가지 구체적인 의미를 첨가하여, 그 표현의 내용을 보다 확실하게 해 주는 품사이다.

① これは 鉛筆だ。 이것은 연필이다.
② 僕は 学校へ 行った。 나는 학교에 갔다.
③ まるで 夢のようだ。 마치 꿈과 같다.

위의 예문 1)의 조동사 だ는 단정의 의미를, 2)의 조동사 た는 과거·완료의 의미를, 3)의 조동사 ようだ 는 비유의 뜻을 나타낸다.

2. 조동사의 특징

① 부속어이다. 부속어란 자립어에 대응하는 것으로 단독으로 문절을 이룰 수 없고, 10품사 중에 조동사와 조사 두 품사가 이에 속한다.
② 활용이 있다. 같은 부속어 중에서도 조사는 활용이 없고, 조동사는 활용이 있다.
③ 주로 용언에 접속하며 체언이나 조사에도 접속하는 경우가 있다.
④ 술어에 여러 가지 뜻을 덧붙여 그 뜻을 확실하게 하는 구실을 한다.

3. 조동사의 분류

(1) 활용상의 분류

활 용	조 동 사
동 사	～せる·させる / れる·られる / たがる
형 용 사	～ない / たい / らしい
형용동사	～そうだ / ようだ / だ
특수활용	～ます / です / た / ぬ
무 변 화	～う·よう / まい

(2) 의미상 분류

분 류	조 동 사	의 미
사 역	~せる·させる	~시키다
수 동	~れる·られる	~받다, 당하다
가 능	~れる·られる	~할 수 있다
자 발	~れる·られる	~되다
존 경	~れる·られる	~하시다
단 정 1	~だ	~이다
단 정 2	~です	~입니다
정 중	~ます	~ㅂ니다
부 정	~ない、ぬ	~지 않다
추 측	~ようだ	~ㄹ 것 같다
비 유	~ようだ	~ㄹ 듯하다
예 시	~ようだ	~ㄹ 것 같다
과 거	~た	~했다
희 망 1	~たい	~하고 싶다
희 망 2	~たがる	~하고 싶어하다
부정추측	~まい	~지 않을 것이다
부정의지	~まい	~지 않겠다
추 정	~らしい	~ㄹ 것 같다
의 지	~う、よう	~ㄹ 것이다
전 문	~そうだ	~라고 한다
양 태	~そうだ	~것 같다

(3) 접속상 분류

접 속 형	조 동 사
부정형	~せる·させる / れる·られる / ない / ぬ
중지형	~たい·たがる / ます / そうだ(양태)
과거형	~た
기본형	~そうだ(전문) / らしい / まい
연체형	~ようだ
의지형	~う·よう
체 언	~らしい / だ / です

정답

17p ① 暑い夏になりました
② こどもはおとなになりました

19p ① 交通が便利になりました
② 顔が真っ青になりました

21p ① 物価が高くなりました
② 日が短くなりました

23p ① 子供に本を読んであげました
② 吉村さんに万年筆を買ってあげました

25p ① 彼女は僕に料理を作ってくれました
② キムさんはわたしに歌を歌ってくださいました

27p ① 友達に辞書を貸していただきました
② 木村さんに町を案内していただきました

31p ① 静かだから家賃も高いです
② またあるからそれは要りません

33p ① 風邪を引いたので会社を休みました
② 駅が遠いので不便です

35p ① 熱があるのに外出します
② まわりは汚いのに人が多いです

37p ① 病気のためタバコを止めました
② 過労のため風邪を引きました

39p ① 大学に入るために一生懸命勉強します
② 健康のためにタバコを止めました

41p ① 木村さんは国へ帰るかもしれません
② 今度の試験は易しいかもしれません

45p ① お金もあるしどこかへ行きましょう
② 今日は休みだしそれに天気もいいです

47p ① 彼は歌手だったりタレントだったりします

② 地域によって雨だったり雪だったりします

49p ① 魚の取れる量は多かったり少なかったりします
② 地域によって暑かったり涼しかったりします

51p ① 歌を歌ったり音楽を聞いたりします
② 雨が降ったり雪が降ったりします

53p ① 小説を読んだり雑誌を読んだりします
② つくえを運んだりいすを運んだりします

55p ① ネオンがついたり消えたりします
② テレビを見たりテニスをしたりします

59p ① 地位とか名誉を重んじる
② 行くとか行かないとか言って騒いでいる

61p ① ご案内します
② ご紹介します

63p ① 高さは何メートルですか
② 重さは何キロですか

65p ① 今外出するところです
② ドラマを見ているところです

67p ① たった今聞いたばかりです
② たった今始めたばかりです

69p ① 赤ちゃんは泣いてばかりいます
② 朝から食べてばかりいます

73p ① 難しい漢字も読むことができます
② 自転車に乗ることができます

75p ① ピアノが引けますか
② 一人で行けますか

77p ① お酒を飲めますか
② 空を飛べますか